李医生的易筋洗髓养生操

李文坤 著

青岛出版社

著者简介

李文坤,男,1969年出生于山东省莱芜市。1985年入读山东中医药大学85级少年班,1993年本科毕业后考入中国中医研究院研究生部,攻读中医气功学专业,1996年毕业,获医学硕士学位,同年就职于中国中医研究院西苑医院,先后在内科、气功推拿科工作。1999年首次赴日,就职于东京整体治疗研究学院和辽宁中医药大学日本校。2002年复职于西苑医院内分泌科,并在职攻读中医内科临床博士,2005年二次赴日至今。现居日本,主要从事中医、推拿、传统功法的临床治疗与教学工作,曾任中国气功整体院院长、爱媛文化健康中心讲师等职,现就职于日本大阪生野中央病院,并受聘为广东省中医院指导教师。

主要著作有《本格气功:李氏易筋洗髓经·基础篇》(日文版)《糖尿病的阶梯疗法》《中医内科辨病治疗学》《性科学与中国传统性修炼》等。曾受邀于中国中央电视台、中国教育电视台、日本·南海放送等多家媒体进行养生健身功法的普及推广。主要传授功法有《李氏易筋洗髓经》《李氏综合八段锦》《李氏内功五禽戏》《大雁气功前64式》《少林内劲一指禅》及24、48、88式太极拳等。

内容简介

本书是作者日文版《本格气功：李氏易筋洗髓经·基础篇》的中文改编本，是作者在多年研习各种版本易筋洗髓经及其他养生健身功法的基础上，结合丹道理论而整理编写的一套功法。它既详细介绍了各式练功方法，又披露了多种练功秘诀，将传统的易筋洗髓经做了全新而系统的阐释，力图使之真正具有清内、坚外、易筋、洗髓的功用而无愧于功中之王的美誉。为习练者学习方便，除传统的十二式易筋经外，还融入了吐故纳新法、三圆四部功、观照浴身洗髓法、全身震抖法等六种辅助功法及四种预备功法。值此中文版写作之际，又特意补充了师传的丹命呼吸法、丹海沉入法。

全套功法古朴大方，易学易练，由简入繁，步步深入，意境悠远，功效显著。经多年的教学实践证明，本功法对防病治病、益智延年、美容减肥等疗效可靠。有缘而又能勤学苦练者，亦可由此达到清虚脱换的境界。

关键词 观照浴身 易筋洗髓 太极桩势

刘天君教授序

大约是在2017年秋季,李文坤先生从日本发来消息,说他的一本关于易筋洗髓经的书准备在国内出版,想请我写序。我未加思索就答应了,虽然我与他已多年未曾见面,尤其是在他毕业出国之后,但我相信他写的书一定是一部厚积薄发的力作。

我对李先生的印象,主要形成于20多年前参加他的硕士论文答辩会。作为评委,我主观上有些偏向看上去踏实、诚恳、比较沉稳的学生,而当时的小李给我的正是这种印象。他的论文也确实出色,很顺利就通过了。

今年6月份,李先生通过邮件发来了他即将在国内出版的大作。虽然我已经料到这是一本有充分积累和独到见解的书,但阅读之后,还是对这部书内容之扎实、议论之深刻而赞叹不已。李先生的这部书,确实是一部有广度和深度的学术著作。

一般说来,这类介绍传统功法的书,大都是详述功法的发展历程和练习技巧。这部书的与众不同在于,它不仅依据对多种版本的传统易筋洗髓经进行整理、加工,取各家之精华演绎了李先生自己经多年教学实践形成的功法套路,而且以此为线索,还融入了丹道修炼的内容以及多种辅助功法和预备功法,从而使他对易筋洗髓经的阐释远远超越了以往的研究者。在讲授时,李先生熟练把握翔实的古今资料,对每一式的讲解均十分详尽,解释式子名称、指出动作要点、提供相关的科学知识,既完整全面,又细致入微。例如第八式三盘落地,在解释式子名称时,除了引用《说文》及武术谚语,还通俗地表达说:"三盘系传统武术术语,其将人体分为上、中、下三部:头颈为上部,其盘在肩;躯干为中部,其盘在腰胯;下肢为下部,其盘在足。三盘落地,指在练习此式的过程中,三盘在上身正直的前提下,始终要保持向下沉坠欲落入地下的势头。"这就使不熟悉古文的读者也很容易理解这一式的操作要义。而在详尽地说明了该式的练习方法之后,更说明"如上五种练法,初练者,可只选第一种,……如意犹未尽,可接着练下去。如能一气呵成,轻松完成此势,则腿力已非寻常可比"。此外,为说明这一式锻炼的意义,行文中还提到了"人老腿先老",强调了"为预防起见,应积极而合理有效地进行全身运动特别是下肢运动",以及日本一位医学教授对马步蹲起运动锻炼价值的评价。这些细节都说明了李先生写这部书时,不仅考虑了学术内容的准确精深,还从方便读者学习的角度做了深入浅出的精心设计。

再就是由于李先生自身的修炼已达上乘境界,书中有许多独到的精彩议论。如果没有多年修炼的切身体验,这些片段是写不出来的。略举一例:书中讲授洗髓经时有这样一段话:"在整理老师内丹系列讲座的过程中加深了对传统丹道的理解,认识到要想真正完成洗髓,必须达到大周天境界方可——师门所谓的大周天,是指周身融通的状态,而非十四经脉循环;而这种周身融通的状态,与整个人体成为汪洋一片的大周天饱满状态仍不可同日而语。"众所周知,大、小周天是道家修炼的重要境界,小周天境界即打通任督二脉,学者们争议不大;但大周天境界如何则众说纷纭,莫衷一是。李先生在这里不但指出大周天的境界"是指周身融通的状态,而非十四经脉循环",还更进一步说明"这种周身融通的状态,与整个人体成为汪洋一片的大周天饱满状态仍不可同日而语",也就是说,要达到融通至"与整个人体成为汪洋一片"的状态,才是真正的大周天境界。这就指明了大周天境界就是天人合一状态。书中这类基于修炼实践、融通古今的真知灼见值得细细推敲,若匆匆瞥过,实为可惜。

凡大修行者,必有济世救人之仁心,李先生的这部书,确实体现了他的仁心。他在日文版自序中说,"'行医一处,造福一方',这是我的理想和追求",又说"修之于身,其德乃真,修之于家,其德乃馀,修之于乡,其德乃长,修之于国,其德乃丰,修之于天下,其德乃普。希望大家从现在做起,从我做起,为自己,为家人,为社会,为国家,积极投身到养生健身功法的练习中去"。这些话语朴实无华,但字里行间,其拳拳之心意,跃于纸上。故李先生这部大作问世,绝非偶然,是他多年务实求真、呕心沥血探索的结晶,也是广大易筋洗髓经爱好者的幸事,于此诚写序言表示由衷祝贺。

北京中医药大学教授、主任医师、博士生导师
中国医学气功学会常务副会长兼秘书长
刘天君
2018 年 7 月于北戴河

中文版自序

易筋经是我习练的第一部传统功法,启蒙老师是山东中医药大学原推拿教研室主任毕永升教授。对这部功法,我情有独钟,因而花大力气,下苦功夫,博学勤求,切磋琢磨,有所心得。由于长期生活在日本,也由于临床教学工作的需要,我于2012年底将多年所学以日语整理编写为《本格气功:李氏易筋洗髓经·基础篇》一书,在日本公开出版。此书一经发行,即获好评,当地新闻广播及中文媒体皆有报道,并被多家健康教室选为教材,至今仍时有读者发来邮件咨询致谢,希望当面请教云云。对此我深感欣慰。但作为土生土长的中国人,我一直为此书尚未有中文版问世而耿耿于怀,引以为憾。

而今,承蒙青岛出版社出版中文版,了我夙愿,并有幸请北京中医药大学刘天君教授作序,实不胜感激。为了向关注健康的大众更好地普及这套功法,书名更改为《李医生的易筋洗髓养生操》,但由于习惯,书中仍称之为"李氏易筋洗髓经"。本书以上述之日文版为底本,以《李氏易筋洗髓经概说及辅助功法预备功法》和《李氏易筋洗髓经十二式精要》(山东中医药大学学报第41卷增刊P38-47)为基础,加以删改增补,使其内容更充实深入。有缘者如能细心领悟,认真体会,反复习练,持之以恒,必会大有收获,受益终生。

"仓廪实而知礼节,衣食足而知荣辱"。经济发达了,必然会促进文化之繁荣,当今国学大有复兴之势,中医传统养生亦为人津津乐道。然信息泛滥,人心不古,仁者见仁,智者见智,真伪颠倒,玉石混淆,似坐而论道、夸夸其谈者多,而踏实求证、有真知灼见者少。而纵观国学、中医、导引等传统文化,均以"内证"为其核心特征,如儒家之知、止、定、静、安、虑、得七证之修养功夫;道家之致虚极、守静笃,虚其心、实其腹;佛家之坐禅、止观等,都是内证的功夫,中医传统养生的名词术语如气、血、津液、魂、神、意、魄、志等,如果没有实际体验,也只是纸上谈兵,玩弄文字游戏,终究难以真正理解,更何谈运用之妙,存乎一心?

试看《黄帝内经》里"上焦开发,宣五谷味,熏肤、充身、泽毛,若雾露之溉,是谓气";"上焦如雾,中焦如沤,下焦如渎"等论述,作者若非有亲身体验,何以能如此娓娓道来,似历历在目?"内景隧道,唯返观者能照察之,其言必不谬也",李时珍亦信服精通内证功夫之紫阳真人。因此我们习练传统功法，重点在于笃行，在于内求、内证，要真正做到功夫上身，而非流于口头。

以本书为例，实际练习时，应以易筋经口诀为指导原则，为验证标准，切身体会功中气血之运行，气机之升降及精气神三者融一的境界，体会天人合一的妙境，丹书所谓"日出没比精神之衰旺，月盈亏比气血之盛衰"。如此，心有所得，体有所感，便会坚信中医传统功法理论真实不虚，一言一句皆实有所指，中医传统功法并非玄学，对其健身防病治病之理亦会了然于胸。

当然，对大多数练功者而言，其原始动机首先在于改善健康状况，部分练功有素者，继而对修身养性萌生兴趣，这也暗合易筋洗髓经的易筋洗髓、坚外清内的修炼程序与主旨。

而谈到修性，必然涉及行善积德。孔子曰："修身以道，修道以仁。"子思子曰："苟不至德，至道不凝。"是知人有一分德，即有一分道；有十分德，即有十分道。若无其德，至道不凝也。是炼道者，炼此仁慈而已矣。况"若非修行积阴德，动有群魔作障缘"。因此，加强心性修养，切实做到"诸恶莫作，众善奉行"，实有必要，此不可不知。

窃以为，诸葛亮之《诫子书》对做学问、练功夫均有极大参考价值，附录于此，愿与大家共勉。

夫君子之行，静以修身，俭以养德。非淡泊无以明志，非宁静无以致远。夫学须静也，才须学也，非学无以广才，非静无以成学。慆慢则不能研精，险躁则不能静性。年与时驰，意与日去，遂成枯落，多不接世，悲守穷庐，将复何及？

李文坤
敬书于大阪桃谷养生馆
2018年8月吉日

原日文版自序

光阴如箭,日月如梭,转眼间客居日本松山已7年有余。7年来,我一直从事中医、推拿、传统功法推广的工作,后根据需要又开设了传统功法与太极拳教室——因为很多患者只是习惯于被动地接受推拿、中药治疗,虽经治疗病情有所缓解或一时性治愈,但疗效多难以巩固。患者自身如不积极主动地配合治疗,不改变不良生活方式,不养成适当运动的习惯等,疾病很难根治。

"我的健康我维护,我是我的主治医",指导患者树立这种意识非常重要,当然还要因人而异,因病制宜,指导其具体的健康方法。"授人以鱼,不如授人以渔"。作为恢复、巩固并进一步促进健康的方法,我强烈推荐被公推为四大健身功法之首、有功中之王美誉的《易筋经》。

我自大学时代开始习练传统功法、太极拳,大学毕业后考入中国中医研究院研究生部攻读中医气功学专业硕士研究生,后留在中医研究院西苑医院,先后在内科、气功推拿科工作。1999年首次赴日,在东京整体治疗研究院和辽宁中医药大学日本校执教;2005年二次赴日,在爱媛县松山市阿格斯特株式会社附属中国气功推拿院工作至今。我自研究生时期以来,一直参与指导患者、学员练功,因而深知合理练功有防病、治病、美容、减肥、益智、延年的效果。

"行医一处,造福一方",这是我的理想和追求,如能让更多的人了解传统功法的益处,从而也加入传统功法与太极拳修炼的行列,并切实从中受益,则善莫大焉。这是我在松山市开设传统功法与太极拳教室并出版此书的初衷。

所幸,教室开设以来颇受好评,经常听到患者、学员们喜悦感谢之语。学员中有乳癌术后多年一直苦于肩凝症者,有因腰椎间盘突出、腰椎管狭窄反复腰痛发作者,有因患忧郁症无法工作甚至日常生活难以自理者,有因患高血压病长期服药而控制不理想者,有因严重的变形性膝关节炎行走困难者……一般只要认真坚持练习3个月,大多数学员症状都能得以缓解,病情得以改善,精神面貌亦有改观。如此,生活质量得以提高。若能长期坚持,也自然能健康延年。

所谓健康寿命,是2000年由世界卫生组织基于重视生活质量而非单纯地延长寿命而提倡的概念,是指一生之中,除去需要照料和或患有导致日常生活障碍的疾病期间,能健康度过日常生活的年数。据统计,男性健康寿命较实际寿命约少9年,女性约少13年。因此如何维持健康,提高个人生活质量,提高国民幸福指数,减少医疗支出,减轻社会负担,是关系到国计民生的大事。

人无远虑,必有近忧。

修之于身,其德乃真,修之于家,其德乃馀,修之于乡,其德乃长,修之于国,其德乃丰,修之于天下,其德乃普。希望大家从现在做起,从我做起,为自己,为家人,为社会,为国家,积极投身到养生健身功法的练习中去。涓涓细流汇成江海,星星之火可以燎原,祝愿大家为健康每一天,为健康你我他而共同努力,并祝愿此书成为气功爱好者的良师益友。

李文坤
敬书于日本松山三友书房
2012年8月吉日

目 录

著者简介 ·· 3

内容简介 ·· 5

刘天君教授序 ·· 7

中文版自序 ·· 9

原日文版自序 ··· 11

第一章　李氏易筋洗髓经概说

一、李氏易筋洗髓经总歌 ································ 19

二、李氏易筋洗髓经释名 ································ 19

三、"李易"之由来 ······································ 20

四、"李易"之特征 ······································ 22

五、"李易"之行功要诀 ·································· 26

六、"李易"之练习进境、功效、练功反应
　　　　与临床辨病施功应用举例 ··················· 30

七、"李易"之练功注意事项 ···························· 32

八、"李易"之拳、掌 ···································· 36

第二章 "李易"之辅助功法选介

一、吐故纳新法 43
二、简易全身按摩法 45
三、三圆四部功 52
四、坐 功 59
五、卧功 62
六、行功 65

第三章 "李易"之预备功法选介

一、预备功法 69
1. 太极桩势 69
2. 全身震抖 72
3. 观照浴身洗髓法 73
4. 叩齿鸣神养息法 84

第四章 李氏易筋洗髓经十二式

第一式 韦驮献杵（献杵礼佛）……………………………… 89

第二式 韦驮献杵（横担降魔杵）…………………………… 100

第三式 韦驮献杵（掌托天门）……………………………… 104

第四式 摘星换斗…………………………………………… 115

第五式 倒拽九牛尾………………………………………… 123

第六式 出爪亮翅…………………………………………… 132

第七式 九鬼拔马刀………………………………………… 137

第八式 三盘落地…………………………………………… 145

第九式 青龙探爪…………………………………………… 153

第十式 饿虎扑食…………………………………………… 158

第十一式 打躬鸣鼓………………………………………… 170

第十二式 掉尾摇柱………………………………………… 174

收 功……………………………………………………… 182

附录

五步练膜功 ··· 189

参考文献 ··· 198
致谢 ··· 200

第一章　李氏易筋洗髓经概说

第一章 李氏易筋洗髓经概说

一、李氏易筋洗髓经总歌

中医养生有特色,健身导引术精良。三千六百法门里,易筋洗髓可称王。
授人以鱼不如渔,生命至重是健康。李氏易筋洗髓经,堪比中西诸良方。
吐故纳新气清爽,浴身洗髓心安详。叩齿鸣神息得养,自我按摩病可防。
三圆四部利关节,行住坐卧和阴阳。丹命呼吸立根基,内壮回春功效彰。
功前功后须震抖,体内体外俱酥康。起势收势应重视,凝神涤虑立津梁。
十二单式宜细练,百脉和畅乐吉祥。易筋易骨易精髓,强腑强脏强丹乡。
若能勤行无间断,一年四季满春光。

二、李氏易筋洗髓经释名

易筋洗髓经是我国优秀的传统功法之一,长期以来广泛流传于医、武、道、佛、儒及民间。

所谓易筋者,就广义而言,即改善、强化肌肉、韧带、肌腱、筋膜等的功能之意。筋者,就狭义而言,则指肌腱、韧带,尤其特指筋膜。此筋是中医所谓筋、脉、肉、皮、骨五体之一,为肝所主,是武术家所谓的打熬筋骨之筋,与健美运动员所注重的肌肉有别。洗髓者,即清洁脏腑、净化骨髓、洗涤心灵之意。"所言洗髓者,欲清其内;易筋者,欲坚其外。如果内清净、外坚固,登圣域在反掌之间耳,何患无成?"

一般认为,"行易筋不可离却洗髓功夫,行洗髓原为收束易筋功夫。其道一而分,其功两而合;其效一而神,其理两而化。易筋洗髓具有并行不悖、相与有成之妙。"

经者,即经典指南之意。

顾名思义,易筋洗髓经是坚固、强化身体筋骨、膜络,清洁、净化脏腑、骨髓、心灵的经典方法。

但翻阅历代有关《易筋洗髓经》的各种资料,可以认为传统的易筋洗髓经并非固定的一功一法,而是一套科学系统的改善体质、增强体能、改变气质、锻炼精神、培植根本、完善自我的功法体系。从运动生理学的角度来看,它包括了以下五大类运动形式：徒手自律运动、徒手互动运动、重力阻抗运动、动态鼓荡运动和静态修养运动。从广义上来说，国外的很多技击、健身运动等也都具有某种程度的易筋洗髓效果，但就学科学术的体系完整、内容丰富、效果显著、历史悠久、影响深远而论，易筋洗髓经堪称绝无仅有！可叹当下瑜伽热，跆拳道火，而国学、国术似有被淹没之势，传统功法亟待大力推广普及。

本书以传统的易筋经十二式为基础，融入了观照浴身洗髓法、吐故纳新法、三圆四部功、全身震抖功等多种功法整理而成。之所以冠名李氏者，并非为开宗立派、哗众取宠，而是为了区别于他家以便于解释与说明，亦是为了表明本人对此功法负有解释的责任与义务。

李氏易筋洗髓经简称"李易"，是本人在国内公开出版发行的第一部功法。为行文方便，下文中均以"李易"代称。

三、"李易"之由来

"李易"是作者在多年研习各种版本易筋洗髓经和其他养生健身功法的基础上，结合丹道理论与内家拳学理论整理编写而成的一套功法。

本人自1985年入读山东中医药大学85级少年班以来，即有缘接触传统功法，多年来曾先后直接受教于以下诸位先生：

山东中医药大学原推拿教研室主任	毕永升教授
山东中医药大学原体育教研室主任	郭毅教授
中国中医研究院西苑医院原气功推拿科主任	吕广君教授
中国中医研究院西苑医院原气功推拿科	赵光研究员
北京内丹文化研究所所长	郭长宏先生
中国中医研究院西苑医院气功推拿科前主任	蔡俊副教授
中国中医研究院西苑医院气功推拿科主任	涂人顺教授
中国中医研究院西苑医院气功推拿科	徐洪涛教授
北京中医药大学针灸学院临床教学部	刘天君教授
中国人体科学研究院研究员	孟岘峒先生

第一章 李氏易筋洗髓经概说

吴氏太极拳传人	杨传山老师
北京形意拳传人	李向前老师
北京八卦掌传人	卢绍华老师
世界武林联盟秘书长	田克老师
养生专家王玉春老师、孙本连老师……	

在写作本书的过程中,各位老师的音容笑貌,言谈举止频频浮现于我脑海,他们的谆谆教诲,殷殷期待更时时砥砺我前行。

除跟师学习之外,并请教过多位业界名流,阅读了古今大量的养生功法资料,观摩过多位名家的演示或视频。可以说,笔者的每一点成绩,每一点进步都凝聚着诸位老师的心血和前贤的经验。"未及前贤更勿疑,转益多师是吾师"。感恩诸位老师的口授心传,感恩历代先贤大德的接引加持。

在长期的习练过程中,逐渐对练功有了一点体会与认识。有感于时下某些对易筋经、八段锦等功法的解读,盛名之下,其实难副,加之本人实际教学工作需要,故而整理出版了日文版"李易"。为整理"李易",曾用一年半的时间,每天早晚两次,每次两小时以上,反复体会、仔细揣摩,而最终将该功法定型。确信"李易"是同类传统功法中较好地体现出了易筋洗髓经的主旨与功诀要求的功法。此书在日本出版后,受到国内外许多专家与读者的好评,日本的中、日文报纸和广播电台等多家媒体加以报道,并被多家健康教室选作为教材。

同时,为更好地推广"李易",造福更多爱好者,视频资料可通过扫描本书封底二维码观看。

另外,笔者整理了李氏综合八段锦,由立式、坐式、卧式各八段组成,是"李易"的补充与发展,更适合于体弱多病者练习,待时机成熟后,也将公开出版。

四、"李易"之特征

1. 重视桩功　强调整体

李氏曰:"李易"十二式,式式皆是桩。桩中还有桩,桩又连着桩。

武术与传统功法界常云,欲明功中理,先从站桩起;欲将骨髓洗,须从站桩起;入门先站三年桩;百炼不如一站,等等,说明桩功的重要性。桩功既是武术技击的基础,也是养生保健锻炼的基本。

至于其养生作用,粗言之,站桩既能保养心神,又能锻炼形骸,既能加强脑力,又能增长体力。俗话说,人老腿先老。长期坚持合理、适度的站桩,可以增强下肢力量和全身协调平衡能力,具有显著的整体调理和双向调节作用。

细言之,站桩是内练精气神,外练筋骨皮的重要手段,能使身体快速达到松静自然,中正安舒的状态,从而有利于开关展窍,通达气机,使清气上升,浊气下降,上虚下实,神清气爽,是深根固柢,长生久视之道。

"孰能浊以澄,静之徐清;孰能安以久,动之徐生"。站桩(静坐亦然)既久,可令心之染污者澄之于静,俟其静久而清光显现;又能于性之本安者而涵泳之、扩充之,怠其养之久久,而生之徐徐,采以为药,炼以为丹。此静以凝神,动以生气,即守中,即阳生活子时也。站桩外静内动,外形如如不动,而内在生生不已,如能保得此阳,自然气血自调,阴阳平秘,心安体康。浊不易澄,静存则心体自洁;安贵于久,动察则神智不穷,此亦即《易经》所谓"寂然不动,感而遂通"之意。

中医养生、传统功法均强调整体恒动观,而站桩可达到"提挈天地,把握阴阳,呼吸精气,独立守神,肌肉若一"的效果。做到了"肌肉若一",即达到了人体自身是一个整体,又能独立守神,常清常静,则"天地悉皆归",人与大自然也成为一个整体,如此天地日月精华不采自至,不招自来,进入"天阳之气注百会(穴),自然之气入劳宫(穴),地阴之气进涌泉(穴)"的妙境,而有"先天气,后天气,得之者,常似醉"之感,如此自能达到"行亦禅,坐亦禅,语默动静体安然"的状态。

古代著名丹家青霞子曰:"精自足底生,涌泉通会阴,左肾右命门,肾精始发生。"指出地阴之精在炼精化气过程中的重要性。三丰祖师之《大道歌》亦云:"蒙师指我一段功,先将九窍关门通。九窍原在尾闾穴,先从脚底涌泉冲。涌泉冲起渐至膝,膝下功夫须着力。释氏即此号芦芽,又如虫行又如刺。过膝徐徐至尾闾,有如硬物来相抵。"也强调了打通冲开涌泉穴的重要性,而站桩是开通涌泉穴的切实可行的方法之一,值得重视。

李氏曰:桩功真是宝,每日不可少。久站乃知妙,身心俱逍遥。

笔者认为,站桩与静坐是练功最重要的两种形式,前者侧重于以神炼气,后者侧重于以气明神,而卧则侧重于神气融合。站桩在炼气、养气、行气、布气等方面效果显著。建议体力较好者,初入门者,首先从站桩练起,打好基本功,然后根据自身体质、练功进境,灵活加练静坐、卧功、行功和大雁功前、后64式,以及太极拳等其他功法。

2. 起式收式 终始一贯

武术谚语:起势练不好,打拳没效果;收势练不好,打拳没收获。
传统功法亦然。
重视起势和收势,是"李易"的特征之一。"李易"十二式,每式均起自太极桩势,终于太极桩势。
王宗岳《太极拳论》指出:"太极者,无极而生,动静之机,阴阳之母也。动之则分,静之则合。"
起势之太极桩势,重在内固精神,外示安逸,松静自然,气沉丹田,所谓"气定神皆敛,心澄貌亦恭"。要做到周身中正安舒,以静待气机发动。
收势之太极桩势,意在收摄心意气息,勿令散失,复全归于丹田。凝神静虑,知止有定,善始善终。
"李易"十二式在结束时又有详尽的收功程序,以保证练功效果;在体例编排上,每一式均各自独立,适合初学者分开细练,熟练后,可根据情况灵活选练。

闲时可一气呵成,演练十二式,使气血和畅,遍体通融,令人身心俱爽,似与天地合一;忙时则选练一两式,亦可舒筋活血,开关展窍,起到快速消除疲劳,令人焕然一新的效果。

3. 抻筋拔骨　旋转活脊

所谓抻筋拔骨,即在身心放松,中正安舒的前提下,通过根节催发,梢节对拉拔长来达到伸展的效果,要求既要有节节对拔的势头,又不能有明显节节对拔的形态,要体会身体前后、左右、上下对称的争力。动作到位后,配合深呼吸,体察呼吸之间肢体的伸缩情况及周身一体、浑然圆融的状态。

所谓旋转活脊,即动作以腰脊为中心,通过关节、肌肉、筋膜等的屈伸、旋转、拧拉及紧张、弛缓的交替与静耗的锻炼,结合吐纳调息,以达到骨正筋柔,气血周流之效。

太极拳谚,"命意源头在腰隙"、"刻刻留心在腰间,腹内松净气腾然"、"一举动,周身俱要轻灵,尤须贯串,……其根在脚,发于腿,主宰于腰,形于手指,由脚而腿而腰,总须完整一气"……均说明了腰脊在运动中的重要性。

现代医学认为,脊柱在人体结构中发挥着重要作用,由颈椎、胸椎、腰椎、骶椎构成。脊柱中央有椎管,其中容纳脊髓。脊柱上连颅内脑组织,下端在脊髓圆锥以下形成马尾。由脊髓分出的神经根,从椎间孔穿出,分出各种神经分布于全身各部组织器官,主管着机体的感觉运动及反射等功能。脊柱还是人体的支柱,不仅承载体重负荷,缓冲震荡,而且参与组成胸腔、腹腔、盆腔的壁,从而起到保护作用。四肢与头颅均直接或间接地附着在脊柱上,任何部位的负重受力均可传达到脊柱。脊柱被称为是人体的第二条生命线,其重要性由此可见一斑。

而中医的督脉、膀胱经、华佗夹脊等重要的经脉、穴位也分布在脊柱及其周围,因此无论中医西医,都认为脊柱是人体健康的标志之一。

"李易"十二式重视脊柱的生理功能,因而在动作编排上加强了对脊柱的锻炼。

总之,"李易"十二式通过抻筋拔骨、旋转活脊的易筋锻炼,起到改善人体肌肉、关节、筋膜、韧带,也包括神经系统的灵活性、协调性,从而达到改善躯体、通行血脉、外强筋骨、内壮脏腑的目的。

4. 刚柔相济 动静结合

"李易"十二式动作有刚有柔,据习练者体质、体力及所处练功阶段,亦有刚练、柔练之别。

个人理解,与养生太极拳的外柔内刚相比,"李易"十二式略偏向于外刚内柔(外形刚而意气柔)。通过肢体刚柔松紧的转化,起到外则抻筋拔骨,塑造形体,内促气血周流,疏通经络的作用。如刚柔协调配合得当,即使长时间练习也不会疲劳生厌,反而全身轻快,神清气爽。

行功至要,务于静中求动,动中求静,绵密不间,渐入佳境。静中动者,静则易昏,最宜默照;动中静者,动则易散,最宜收敛。只有动静结合,火候得宜,无过与不及,才是练功正道,才能日日新,又日新。

总之,"李易"十二式刚柔相济,动静结合,外练筋骨皮,内练精气神,是内外兼修、身心同练的优秀功法,希望有缘者能珍惜之、勤练之,相信"李易"必将成为更多读者的良师益友,成为大家健康的守护神。

5. 体认心悟 妙合自然

"纸上得来终觉浅,绝知此事要躬行"。功夫是练出来的,不下功夫,怎得功夫?一套好的功法,步步有验证,必须实修实证,身体力行,用自己的身体去领会,用内心来感悟,如此练习,功夫方能上身,练者才会受益,才会逐渐真正理解"人法地、地法天、天法道、道法自然"的含义,会切实感知到人身为一小天地。"人之生存于天地之间,其生命本能现象,与天地自然规律之气化,故有息息相关者存焉"。也只有认知了天地生物盈虚消长之变通之理,"方可言养生与医药"(南怀瑾《中国文化泛言》)。

凡事豫则立,不豫则废。具体说来,"李易"十二式的动作编排、练习要领及功效反应各不相同,在习练之前,应做到心中有数,有的放矢。因此建议读者首先背诵练功要诀,熟悉动作要点,然后用自己的身体去体认。所谓体认,是指做某一动作时自己的身体体验认识到的一种感觉,这种感觉,包括身体生理和心理的反应、变化。

传统功法修炼,就是不断体认、观照、探索自身生理与心理的未知世界的过程。随着练功进展,这种体认结果又反过来作用于心脑,作用于我们的识神,烘托出我们的元神,帮助我们加深理解,提高认识。而高一层的认知,又会进一步指导以后的练习,两者互相促进,相得益彰。

因深知体认、心悟的重要性,所以本书除详细介绍练习方法外,在"李易"的参考部分,也适当书写了面向初学者的有关体认方面的内容,供读者参考,所谓"欲知前方路,须问过来人",这也是本书的特征之一。当然"体认"因人而异,千差万别,"凡所有相,皆是虚妄",所谓参考,也只是"仅供参考"而已,不必拘泥。

如能时时体认,勤加领悟,则不知不觉间会进入带功生活化的状态,举手投足,行住坐卧,都会中规中矩,妙合自然。

当然笔者强调实修,强调体认、心悟,但也重视读书,特别是儒、释、道的经典,应时常细细揣摩,借以指导自己修身养性,积德行善——这一点在某种意义上说比打熬筋骨、比站桩打坐更重要,这也是本书反复强调修身、修心重要性的原因。

6. 医武兼备　应用广泛

简而言之,"李易"在医有养生保健、防病治病、益寿增智、减肥美容之效;在武则可增强打击力与抗击打力,对敌时能做到沉着冷静,审时度势,能做到快速灵活反应,静如处子,动如脱兔,如此,则能立于不败之地。

"李易"中正平实,适应面广,可作为广大传统功法爱好者的基础功法和优先选练功法。希望大家能加以重视,不要"因为容易得,便作等闲看"。

五、"李易"之行功要诀

1. 身正形松　势圆息匀

简言之,即尽量做到姿势端正,形体放松,气势饱满,周身一家,浑然一体,呼吸均匀等。一般而言,调形尚易,调息较难。《乐育堂语录》云:"息不调则放,放则内而脏腑,外而肌肤,无非一团躁急之气运行,欲其凝聚一团而为我造命之本,盖亦难矣,惟能调则平,平则和……欲复命归根,以臻神化之域,亦无他修,只是凝神令静,调息令匀,勿忘勿助,不疾不徐,使心神气息入于虚无静笃而已矣。"

2. 心静意专 气聚神凝

"所以任物者谓之心,心有所忆谓之意……""人能常清静,天地悉皆归"。能做到遣欲清心,诚意向道,则气自然能聚,神自然可凝,而气聚神凝后心意自会静专。

3. 观照浴身 洗髓澄心

这八个字,既是行功要诀,也是具体的练功方法。

"李易"十二式中均有观照、浴身、洗髓、澄心——简称"浴身洗髓"的内容。"观",即"观自在菩萨"之"观";"照",即"照见五蕴皆空"之"照",亦即"内照形躯"之"照"。所谓"观照",即在心静形松的前提下,不论是静坐中、站桩中、行功时,还是日常生活中,专心观察、照看、觉知自己的身体、感觉、感情、思想意识的细微变化。这种关照既是局部的,也是整体的,既能了了觉知,又能毫不执着。应铭记,"凡所有相,皆是虚妄",只是客观地去观察、照看、觉知即可,无需介入、干涉、参与,所谓"勿忘勿助,顺其自然"而已。

观照自己的身心,可以唤醒、激发平素沉睡的生命活力、神经感觉,可以感知、捕捉、释放平素并不在意的各种细微的念头、情感,从而使身体变得轻松、愉悦、调和,心情宁静、祥和、空灵,进而为认识真我创造条件。

观照应贯穿于练功整个过程中,并逐渐扩展到日常生活中。

浴身、洗髓、澄心,简言之,即用意念观照温水、气、光等沐浴身心,以达到伐毛洗髓,洗心退藏于密的效果,久之,使心垢得以清洗而复还澄澈明灵之本来面目。

具体练功方法可参考预备功法之观照浴身洗髓法及"李易"十二式中浴身洗髓法。

4. 动则柔缓 静则止安

练功之要在于动中求静,静中求动。于柔缓甚或静止中止念、调息、守窍、存神、练意、通脉、练骨等。

柔则养筋,柔弱胜刚强,在柔柔的状态下,气血便如润物细无声的春雨一样,

李医生的易筋洗髓养生操

滋润并修复已经疲劳、僵硬、老化的脏腑肢节,更止于至善处,体会寂然不动、感而遂通的境地。

行文至此,忽然想起太极名家李雅轩的几则随笔,抄录于下,可与本文互参,如能仔细体会,或有意想不到的收获:

"太极拳的练法,其最重要的是身势放松,稳静心性,修养脑力,清醒智慧,深长呼吸,气沉丹田等。这些规矩,每练时要想着这些,日久才能起到健康身体和疗养疾病的作用。假如练时动作散漫,气意上浮,那就对身体无甚补益……此外,尚须平时注意精神上的修养,以作功夫的辅助则更好。"

"练太极拳其最重要的,是要稳静,在静极默笃之后,才能体会到很多的道理,如粗心浮气,多动妄动,那就错了。怎样才能做到静?一要身桩中正,二要呼吸舒适,三要心性放稳,四要一身松净,均匀,如能长久持此思想,就能一点一点地做到真的稳静了。太极拳是内功,什么是内?筋骨肌肉统统是外,人的性灵才是内,人稳静着练拳,就是为了培养这个性能,如忙练、快练、多动、妄动,是不能培养人的性灵的。人的性灵培养好了,就一切修身致用皆有之。"

"行功歌曰:大道不离方寸地,非存心兮非有意,更非胸中运精气;居心纯泰然,百体自相依,不着意兮不着心,无心之中是真心,无心之中无有形,虚无养成真虚灵,宇宙浑一体,皆从自然生。"

"太极拳修炼歌:心要清,慧要澄,良知良能藏胸中。身心悟觉如明镜,体察事物有智明。神清骨爽无限美,修身致用妙无穷。世人不知其中乐,道在有为无为中。"

……

窃以为,太极拳、八卦掌、形意拳、心意拳、意拳等所谓内家拳法里均包含有丰富翔实的内功资料,因而本人在业医练功的同时,也经常涉猎国术丛书,请教武术名家,从中获益匪浅,希望读者能做个有心人,不要错过向民间高手请教的机会。如周围暂时没有可以请教之人,可以熟读、背诵、仔细揣摩《太极拳论》和《十三式行功心解》等太极拳理论,奉之为自己的良师益友,并作为自己练功的纲领、指导原则和检验标准。为方便读者,兹将二文摘录于下,敬请参考。

第一章 李氏易筋洗髓经概说

《太极拳论》摘录：

一举动，周身俱要轻灵，尤须贯串。气宜鼓荡，神宜内敛，无使有缺陷处，无使有断续处。其根在脚，发于腿，主宰于腰，形于手指，由脚而腿而腰，总须完整一气，向前退后，乃能得机得势。有不得机得势处，身便散乱，其病必于腰腿求之，上下前后左右皆然。见此皆是意，不在外面，有上即有下，有前即有后，有左即有右。如意要向上，即寓下意……虚实宜分清楚，一处有一处虚实，处处总此一虚实，周身节节贯串，无令丝毫间断耳。

《十三式行功心解》摘录：

以心行气，务令沉着，乃能收敛入骨；以气运身，务令顺遂，乃能便利从心。精神能提得起，则无迟重之虞，所谓头顶悬也；意气须换得灵，乃有圆活之趣，所谓变转虚实也。发劲须沉着松净，专注一方；立身须中正安舒，支撑八面。行气如九曲珠，无往不利；运动如百炼钢，无坚不摧……静如山岳，动如江河。蓄劲如开弓，发劲如放箭。曲中求直，蓄而后发，力由脊发，步随身换。收即是放，断而复连；往复须有折叠，进退须有转换。极柔软然后极坚刚；能呼吸然后能灵活。气宜直养而无害，劲以曲蓄而有余。心为令，气为旗，腰为轴。先求开展，后求紧凑，乃可臻于缜密矣……

又曰：先在心，后在身。腹松气敛入骨。神舒体静，刻刻在心。切记一动无有不动，一静无有不静。牵动往来气贴背，而敛入脊骨。内固精神，外示安逸。迈步如猫行，运劲如抽丝。全身意在精神，不在气，在气则滞。有气者无力，无气者纯刚。气若车轮，腰如车轴。

六、"李易"之练习进境、功效、练功反应与临床辨病施功应用举例

1. "李易"之练习进境

初习练时，须遵循松静自然、动静结合、练养相兼、循序渐进、准确柔活、意气相依的总原则，如能苦己心志、劳己筋骨、锲而不舍、习练不辍，自然熟能生巧，忽一日，或有豁然开朗之感，能感知行功时身体一动无有不动，一静无有不静。易筋洗髓经虽式有十二，其动作之起承转合不同，呼吸之缓急度数有异，然都是整体与局部的协调对待，外部与内在的沟通融合。换言之，十二式合则为一，散为十二，即"一本散万殊，万殊皈一本"，殊途同归。

有此感觉，可谓已入练习之门，可以基本达到正气存内、邪不可干的层次。诗曰：

条条大路通罗马，十二单式本一家。功贵精专与持续，赤诚所至阳气发。
阳气发处阴滞消，经络疏达气血调。阴平阳秘精神治，身心一如乐逍遥。

在基本解决了健康问题后，还可以更上一层楼，迈向修炼、修行之路。

2. "李易"之功效

按周述官版《增演易筋洗髓内功图说》所述，此功有六益，即调和血脉，细腻皮肤，强壮筋骨，增长气力，健旺精神，涵养性灵。

周版如此，"李易"亦然。然如人饮水，冷暖自知，不练者不知，浅尝辄止者亦难以尽知。图说里又有"寒暑不入，疾病不生，颜色不老，强健不衰，冻饿不迫，生育不夭，战斗不惴，虎狼不惧"等语，相信很多练习者都有验证。在此，据笔者多年教学实践经验将"李易"功效总结如下。

概言之，习练"李易"，对人体的呼吸、消化、循环、血液、内分泌、神经、运动等各个系统均有良好的改善作用；

细言之，对生长发育期的青少年来说，既可以增强骨骼肌肉，提高注意力，

开发智力等,又可以提高自制力、忍耐力、陶冶情操、涵养身心,与周围的人更好地和谐相处等。

对中年人来说,可以较好地改善体质,缓解紧张,消除疲劳,增添精力,延缓衰老,提高工作效率,改善人际关系,促进家庭和睦,等等。

对老年人来说,可以防病治病,修身养性,协调机体,防止摔倒,改善生活质量,乐观面对生活。

借用《华佗五禽经》的说法,其功效,即:"童子演其象,则身体可得充分之发育,老翁会其意,可得矍铄之精神,妇女悟其性,能除一切痛苦";"无努力伤气之害,无屈腿折腰之苦,无跃高冒险之危,且手舞足蹈,无须短衣挽袖,随便常服,亦可作运动之法身(法象化身也),为运动术中最文雅之事也……学者幸勿以寻常运动视之"。

3. "李易"之练功反应

练习"李易",当有冷、热、酸、麻、胀、痛、痒、滑所谓八触等练功反应,有类似中药宣、通、补、泻、轻、重、滑、涩、燥、湿十剂之效,有类似汤药汗、吐、下、和、温、清、消、补八法之功。

功中或功后除以上八触外还会有诸多生理现象发生,此不赘述。若有疑问,可虚心请教有经验的老师。

4. "李易"之临床辨病施功应用举例

"天之道,损有余而补不足",人之道亦然。传统功法辨病施功的原则,等同于中医之虚虚实实。诚如明代陈继儒《养生肤语》所云:"虚病宜存想收敛、固密心智、内守之功以补之;实病宜功法导引、吸努掐摄、散发之功以解之;热病宜吐故纳新、口出鼻入以凉之;冷病宜存气闭息、用意生火以温之。"可见传统功法非独专治某一类疾病,而是根据个人疾病虚实、寒热之不同,灵活选用存想、吐纳、导引、闭息等方法来对治。

另外,练功调病,非头痛医头,脚痛医脚,而是整体与局部的协调,是立体性、全方位、综合性、系统性的治疗。以下所述某功某法治疗某病某证者,只是一种方便法门,仅供参考。

（1）糖尿病、高血压病、高脂血症等各种生活习惯病患者，可选练全身震抖法、三圆四部功、行功以及"李易"之一、六、八、九、十及收势等；

（2）心脏病患者特别推荐"李易"之一、二式及卧功二式；

（3）脑血管病后遗症患者，可多练吐故纳新法、观照浴身洗髓法、坐功、卧功等，并根据病情、体力选练其他方法；

（4）各种癌症患者可边接受中西医治疗，边重点习练观照浴身洗髓法、坐功、卧功，有体力者可配合练习太极桩势，在优美环境处、空气清新时加强吐故纳新法的练习；

（5）各种腰痛患者，疼痛时以卧功、桩功为主，疼痛缓解后或平时多练习"李易"之五、七、八、九、十一、十二等式；

（6）各种颈肩疼痛不适患者，多练习三圆四部功之颈部、上肢部功，特别是"李易"第二式、第三式疗效可靠，另外加练第七、十一、十二式；

（7）阳痿、早泄、前列腺肥大、宫冷不孕者，应加强练习卧功、内壮回春功、三圆四部功之躯干部与下肢部功以及"李易"之一、二、三、八、九、十式；

（8）各类风湿性疾病，可多练观照浴身洗髓法、坐功、卧功、三圆四部功、桩功、简易全身按摩法等等。

当然"李易"并非万能之法，任何固定成型的功法，既有所长则必有所短，但如能按照要求正确选练且坚持习练，都会受益，此无需赘言。

一言以蔽之，曰：练"李易"者，必得利益；与"李易"为友，幸福健康长久。

七、"李易"之练功注意事项

练功的注意事项，直接影响到练功的质量与效果，与练功口诀、练功方法一样，是整个练功系统工程中不可分割的一部分，是必须遵守的。有关练功注意事项，历代有很多精辟论述，如东晋张湛《养生要集》载，"养生大要，一曰啬神，二曰爱气，三曰养形，四曰导引，五曰言语，六曰饮食，七曰房室，八曰反俗，九曰医药，十曰禁忌"，已大略指出了一些注意事项。而张华在《博物志》里明确记载了皇甫隆传授给曹操的养生原则，包括"体欲常劳，食欲常少，劳无过极，少无过虚，去肥浓，节酸咸，减思虑，损喜怒，除驰逐，慎房室"等。另外主张"人不欲使乐，乐人不寿。但当莫强为力所不任、举重引强、掘地苦作、倦而不息,以致筋骨疲竭耳。然劳苦胜于逸乐也,能从朝至暮,常有所为,使之不息乃快,但觉极当息,息复为之,此与导引无异也。夫流水不腐、户枢不蠹者,以其劳动有数故也",实是经验之谈。

下面将"李易"的主要练功注意事项做一列举,供读者参考。

(1)保证相对固定且不易受打扰的练功时间。每次练功时间可长可短,最好不少于半小时;如真正想长功夫、得疗效,而体力、时间又许可的话,建议每次练功两个小时以上。业界前辈的经验是"高功夫都是两个小时之后得到的",不到两个小时,身体的演化程度不够,得到的多是一般功夫。两个小时后,则有奇效。我个人的体会是,每次练功超过两个小时,才练得透,而且功效持续时间较长,能实实在在地长功夫。

《灵枢·营卫生会第十八》载:"营在脉中,卫在脉外,营周不休,五十而复大会。阴阳相贯,如环无端……"据此,营卫之气巡行一周需要28分钟48秒。如练功超过两小时,且能做到功中含眼光、凝耳韵、调鼻息、缄舌气,则不但能减少消耗,还能充分地积精累气,补偏救弊,促进营卫运行,恢复阴平阳秘的状态,更进一步则有望达到天人合一,"夺天地造化之功,与天地精神相往来"的境地。

(2)练功之前应排空大小便,并洗手,漱口,松衣宽带。凡有碍肢体放松、有碍自然呼吸的物品如眼镜、手表、领带等均应调整或解除。不要赤身练功。

(3)将欲练功时,先须闭目冥心,握固神思,屏去纷扰,澄心调息,至神气凝定,然后依次如式行之,必以神贯意注,勿得徒具其形,而弗获实效。

(4)有条件的话,练功应选择在温暖舒适、空气清新、环境优美的场所进行。功中、功后,汗出勿当风,避风如避箭;勿久着汗衣,功后忌马上洗凉水澡,忌大量喝冷饮等。

(5)练功贵在坚持。"吾人处世立身,无论何事,皆须有恒心,始可有成,练功自亦不能例外。练功之人,既得真传之方法与名师之指点,更当有恒心以赴之,勤敏以持之,方可有成功之望。若畏难思退,见异思迁,或有头无尾,中途停辍,是其与不学相等。吾人如与人谈及此道,爱之者十常八九,惟能勤谨练习,始终不懈,而达成功之境者,实百不得一。是何故哉?岂武功之难,不易练成耶?非也,特学者无恒所致耳。若能有恒心,无论其所练者为外功为内功,则三年小成,

李医生的易筋洗髓养生操

十年大成,必不使人毫无所得,废然而返也。"(上文摘自网络《嫡派真传少林内功秘传》)

"贵有恒何必三更起五更眠,最无益只怕一日曝十日寒"。练功犹如逆水行舟,不进则退,应日日勤为,日日能新。特别是每月阴历的初一、初八、十五、二十三日更应加强用功。

(6)练功时间段以子午卯酉为佳,但不必拘泥,所谓"一日内,十二时,意所到,皆可为"。 要善于把握好时间,注意体会睡眠初醒时、喷嚏刚过后及观赏影视节目、文艺作品、音乐演出、艺术展览、体育竞技中忘情、感动那一瞬间身体阳气生发时的气血变化;提倡练功生活化,充分利用等信号灯、乘电梯等零碎时间调整呼吸、放松身心、收视返听。

(7)过饱、过饥、疲劳、情绪不安、心事不宁时不宜练功。以就餐两小时后练功为宜。

(8)暴风骤雨、电闪雷鸣等恶劣天气时不宜练功。

(9)运动量适中。运动量和动作难度应循序渐进,量力而行,因人因时而异,不要勉强,过犹不及,过不如不及。正所谓"人体欲得劳动,但不当使极耳""功不练乏力""养性之道,常欲小劳,但莫大疲及强所不能堪耳"。如饮食宜七八分饱,暴饮暴食易导致消化不良而后引起厌食一样,一般练功者也应适可而止,要留有余地,以使下次仍能津津有味、兴致勃勃地练习,细水长流方好。当然到了某一阶段需要精进不懈则另当别论。

(10)练养相兼。练是调形、调息、调心三调合一的锻炼过程;养是保养、保持通过上述练习而出现的身心轻松,舒适愉悦,呼吸柔和绵长,神气氤氲弥漫的阶段。练,好比摄食的过程;养,则是消化吸收的阶段。练中有养,养中寓练,练养结合,才能收到较好的练功效果。

《周易参同契》有言:"内以养己,安静虚无。原本隐明,内照形躯。闭塞其兑,筑固灵珠。三光陆沉,温养子珠。视之不见,近而易求。"反复强调了"养"的重要性,养要达到的四种境地及具体方法,值得用心体会。

在实际练习中,应根据自身体力、体质、病情轻重、季节气候等灵活掌握练养的时间比例。一般而言,年轻力壮者宜练多于养;年老体衰者,应养多于练。

从广义上讲,练养相兼与日常生活密切相关,如能做到"食饮有节,起居有常，不妄作劳""志闲而少欲，心安而不惧，形劳而不倦……美其食，任其服，乐其俗，高下不相慕"等，将会加强、巩固练功效果，增进身心健康。

（11）练功初始，可能会感到比较辛苦枯燥，但应以轻松愉快的心情来对待，毋预设目标，勿好高骛远，勿追求气感，做到只管耕耘，不问收获；勿留恋内景，顺其自然。

（12）适当保精节欲。如练功得法，一般会很快见效，部分功友会出现精力增强、性欲旺盛的现象。虽然男性泄精后，可能并没有感觉到对体力有什么影响，但之后的几个小时甚或几天后，练功时会有丹田空虚、会阴酸软之感，因此对一般练功者而言，还是以适当保精节欲为佳。

形意拳歌诀云："精养灵根气养神，元阳不走养天真；丹田练就无价宝，万两黄金不予人。"也强调了保精节欲的重要性。

再进一步讲，"在寻常之人，亦宜以清心寡欲为摄生之要务，而在练习武功者，于此尤甚。练习内功，本欲使其精神血气，互相团结，而致强身健魄之果。色欲一事，实足以耗其精血，散其神气，而羸弱其身体者也。人身气血，既经锻炼之后，则灵活易动，倘于斯时而犯淫欲，则全部精华，势必如江河之决口，溃泛无遗，以至于不可收拾。如此而言练功，又乌足以得其益？反不如不练之为愈也。故练习内功者，必先节欲，然后可以神完气足，精血凝固，而收行功之效也"（摘自网络《嫡派真传少林内功秘传》）。

另附上《增演易筋洗髓内功图说·行住坐卧睡篇第五》，请读者参考。

行如盲无杖，自然依本分。举足低且慢，踏实方可进。步步皆如此，时时戒急行。世路忙中错，缓步保平安。住如临崖马，亦如到岸舟。回光急返照，认取顿足处。不离于当念，存心勿外务。得止宜知止，留神守空谷。立定勿倾斜，形端身自固。耳目随心静，止水与明镜。事物任纷纷，现在皆究竟。坐如丘山重，端直肃仪容。闭口深藏舌，出入息之鼻。息息归元海，气足身自裕。浃骨并洽髓，教外别传的。卧如箕形曲，左右随其宜。两膝常参差，两足如钩钜。两手常在腹，扪脐摸下体。睾丸时挣挫，如龙戏珠势。倦即侧身睡，睡中自不迷。醒来方伸足，仰面亦不拘。梦觉浑无异，九载见端的。超出生死关，究竟如来意。行住坐卧篇，只此是真谛。

八、"李易"之拳、掌

拳的握法

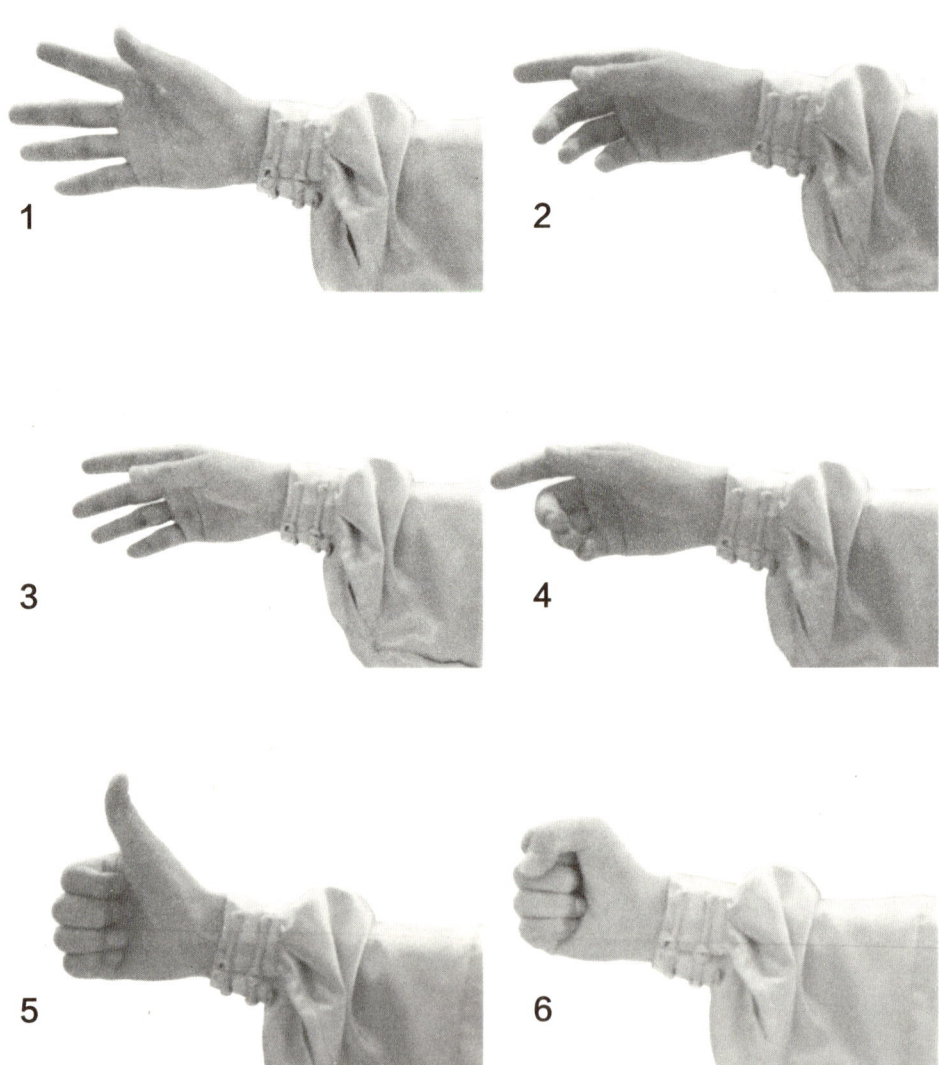

第一章 李氏易筋洗髓经概说

拳的各部位名称

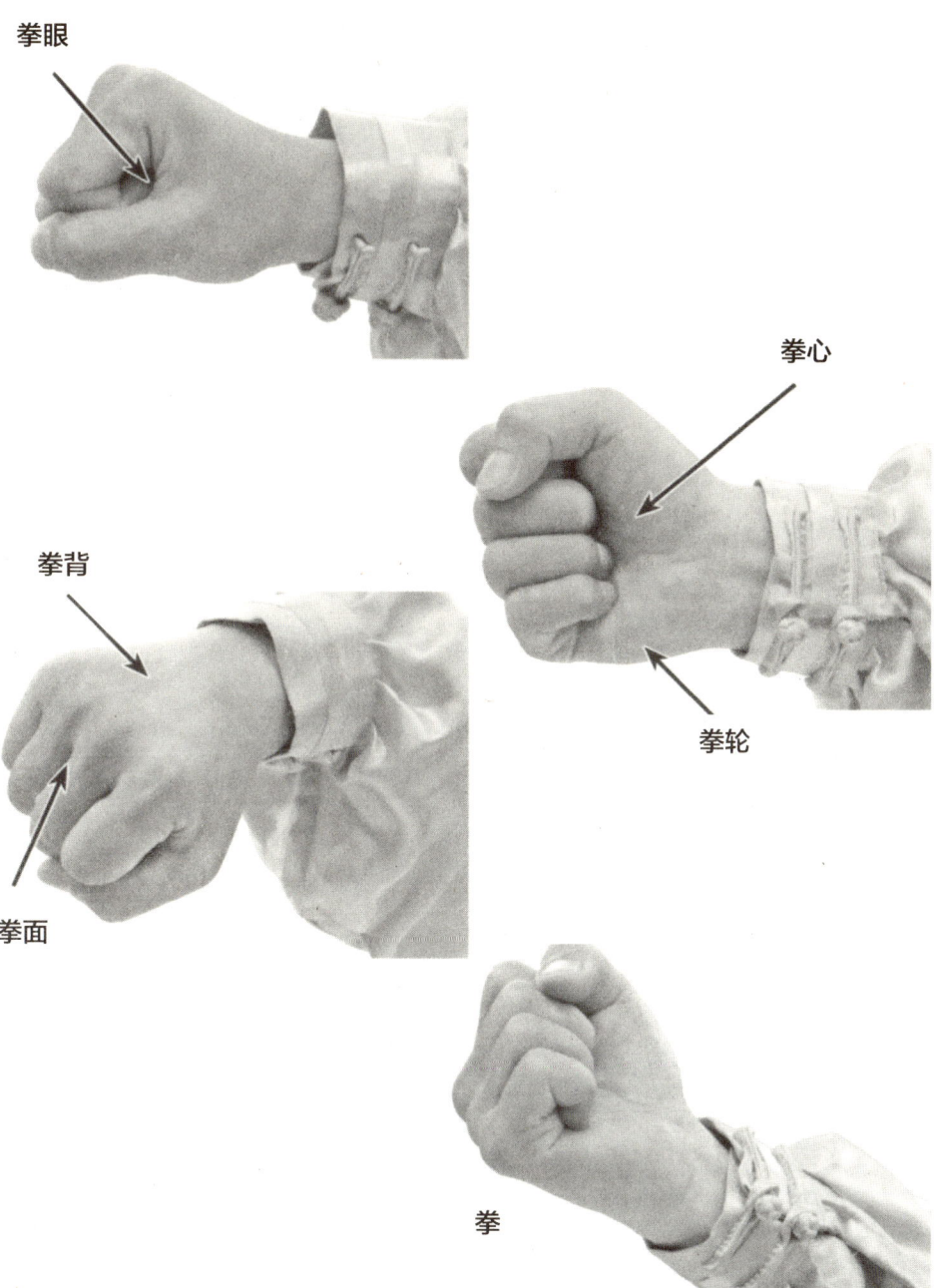

由掌变龙爪

 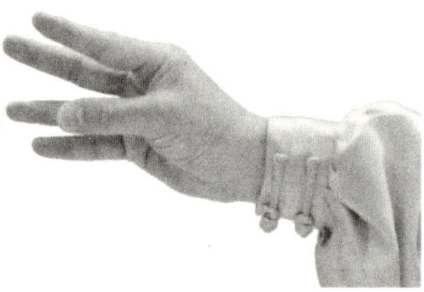

由掌变虎爪

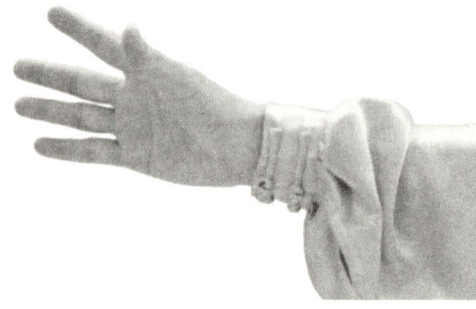 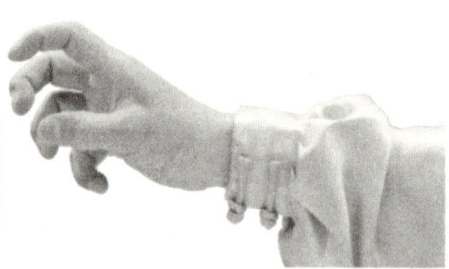

握固

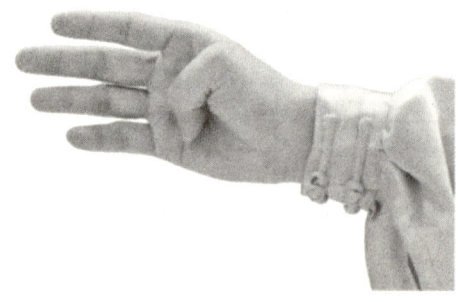 

第一章　李氏易筋洗髓经概说

掌的各部位名称

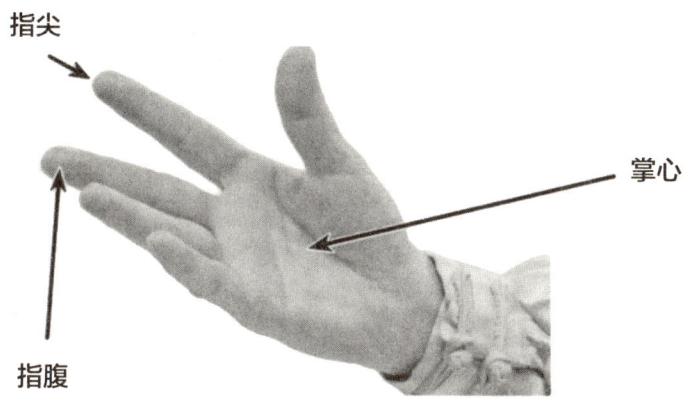

指尖
指腹
掌心

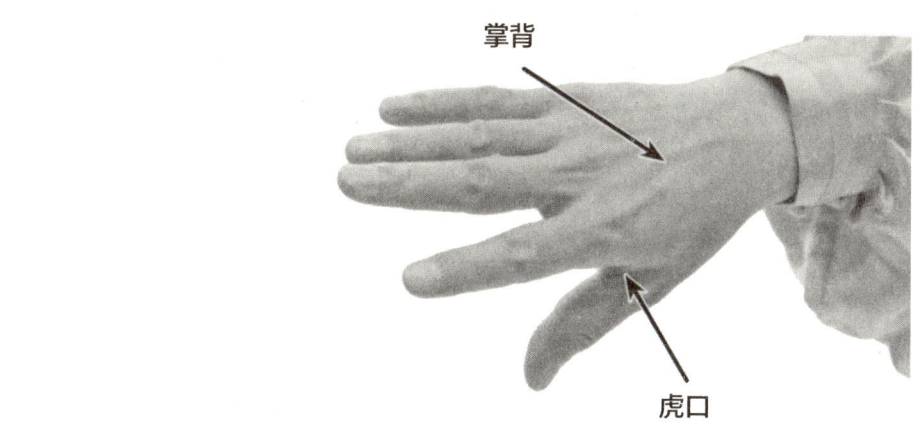

掌背
虎口

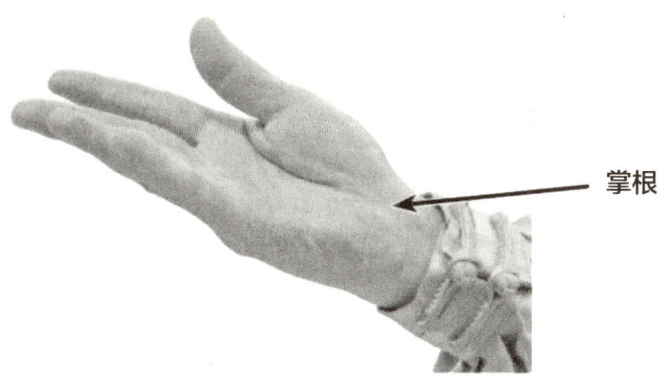

掌根

李医生的易筋洗髓养生操

第二章 "李易"之辅助功法选介

　　此处所介绍的各种功法,虽言辅助,但均是笔者多年临床教学中常用的优中选优的精品功法,均易学易练,易于坚持,功效显著,广受好评。每种功法,既可以单独练习,也可以作为在练习"李易"十二式之前的热身功法。有心者,仔细揣摩,踏实修习,会发现小功法有大妙处,所谓"大道至简",亦可从中体会到老子之所以感叹"吾言甚易知,甚易行,天下莫能知,莫能行"的那种无奈和孤独。

一、吐故纳新法

1. 名称说明

即以口吐出身内浊气,以鼻吸入新鲜空气的调息法。

2. 动作说明

取太极桩势,即两足分开,与肩同宽,足尖朝前,两足外侧平行,两臂自然下垂于体侧,掌心向内,十指疏直,中指平行于中脉两侧,调节双肘和两肩,舒展放松开全身。精神内敛,神形合一。

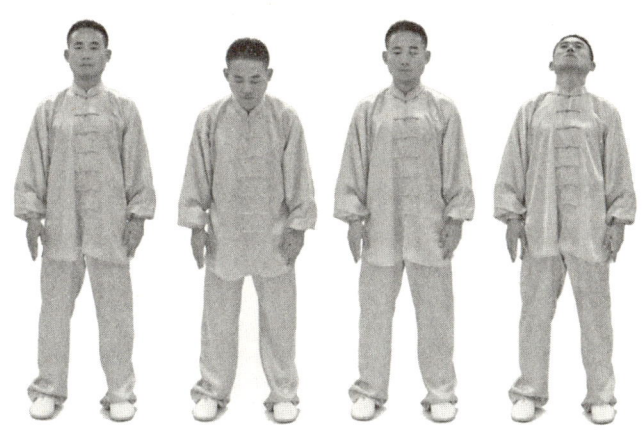

如此站立几分钟后,开始练习吐纳,先口吐气,同时只做发"哼"的口型,而并不发声;

然后鼻吸气,再一次口吐气,同时做"哈"的口型;

第三次呼气时做"嗨"的口型;

三次为一组,可连续做三次。

吐气时,可配合提肛收腹,熟练后,还可配合身体前倾后仰及双臂外展内收等动作。

3. 行功要诀

吐惟细细,纳须绵绵。身如橐籥,又似风船。纳宜深满,下至涌泉。
吐气令尽,五脏和安。遍体毛孔,吞吐井然。呼吸吐纳,不离丹田。

命门脐间,有真玄关。吸吐止息,融融酥软。升降出入,皆通自然。

注:风船即气球之意。

此法习练纯熟后,有兴趣者,还可深入练习听心脐肤法,行功要诀如下:

人在气中气在人中,天地万物皆气以成。
宇宙浩渺我居正中,身如气球一气贯通。
听心脐肤凝神杳穴,出入升降氤氲融融。
松软酥透气液熏蒸,遍体光明阳气自生。
大道至简岂尚空谈,勤行不辍胎息可成。
先天一气不采自至,体能不漏奥妙无穷。

注:文中听心脐肤四字,是指练习胎息的三个步骤。所谓听心,即取坐、卧、立任何一种姿势,先做到松静自然舒适,平和身心情绪,然后谛听心脏跳动之声。起初可能难以听到,但听之既久,便可闻心脏跳动之声如鼓。如此之后,则可移心念于肚脐,继听脐部跳动之声,脐声如鼓之后,续听皮肤。耳根始则内听皮肤之息,渐而内听全身整体之息,念念不离肌肤之息及体内整体之息。神气融合,久之自生安然。渐闻腹中有声,闻息出入肌肤之声,熏蒸之气,充满全身,腹暖如春,遍体酥软如绵。腹内之气旋转如意,有形似卵,内里清净,气卵内外透明,有阳春白雪之境。心肾之间,有气如轮自转,气神相间,无别融一,身心大畅,可入胎息,怡养性命之本。其心法为:"身心放松,耳听皮肤,神气合一,胎息养真"。

以上功境,只为佐助学人解悟,效验之语,不足为据,亦不足以表明个人功景。所修理法虽同,却因人而生境界,旨在身感而悟,明彻于心,如参修入本,直透空空,入虚寂妙境,方是甚善。——以上听肤法摘录整理自郭长宏先生为中华气功杂志社所撰写的天元丹法函授班教材。

此法可与卷末附录的《五步练膜功·观膜调息》互参。

4. 参考

庄子有"真人之息以踵,众人之息以喉"的名言,历代注家对此解释不一。本人练功中切实体会到在踵骨(足跟骨)和涌泉穴之间的部位有呼吸开合之感,同时必伴有劳宫(穴)开合(劳宫开合多较早出现,容易感知),而进入"手心足心,息息相应,遍体融一,恍惚杳冥"的境地。本人的几位学生亦有类似体会。

二、简易全身按摩法

清代·徐光弼《寿世传真·修养宜行外功第一》云:"外功有按摩导引之诀,所以行血气、利关节、辟邪外干,使恶气不得入吾身中耳。《语》云:'户枢不蠹,流水不腐。'人之形体,亦犹是也,故延年却病,以按摩导引在先。此诀传自先哲,至平至易,非他奇特异术可比。……按摩导引之功既形之于外矣,血脉既已流畅,肢体无不坚强,再能调和气息,运而使之,降于气海,升于泥丸,则气和而神静,水火有既济之功,所谓精根根而运转,气默默而徘徊,神混混而往来,心澄澄而不动,方是真修。"说明按摩导引在练功中的的作用及重要性。笔者在临床与教学中也常常向患者及学员传授这套简易全身按摩法。至于详细的全身按摩法,将在《李氏综合八段锦》一书中介绍。

1. 名称说明

即简单的全身按摩法。

2. 动作说明

(1)太极桩势(同前)   (2)搓掌浴面(又名干洗脸)

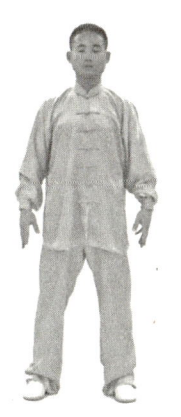

李医生的易筋洗髓养生操

两手相合，快速摩擦生热后，分置于鼻翼两侧，先以小指侧为主，沿额头、内眼角、鼻翼下推，经口至下颌后，接着以拇指侧为主，上托下颌、颊部，按耳，推太阳穴后弧形返回至原处，即干洗脸。如此做7次以上。可使容颜悦泽，目明耳聪，鼻和神清。

注意：操作时，需身心放松，精神集中，体会手之所至，身之所应，心之所感；体会牵一发而动全身，一动无有不动，静中触动动犹静，静后动感仍不已；体会动作虽止于局部，但全身皮肤、筋膜、肌肉乃至内脏皆随掌指之按压、移动变化而出现不同的波及效应……总之，操作时不可三心二意，心不在焉，马马虎虎，敷衍了事。要专心致志，聚精会神，如此才能觉察感知按摩之功，才会事半功倍，效果可期。

以下动作皆然，不再赘述。

（3）梳头擦颈

① 虎爪梳头

两手呈虎爪型，用指腹同时从前发际梳理至后发际，再经耳后、耳下、耳前回转至前发际，如此重复7次以上。有生发养颜、提神醒脑之功。

② 掌擦后颈

先用左手轻抚膻中穴部位，右手掌横向往复轻擦后颈部。反复7次以上，至后颈温热透里为善，之后左右手交替。此法可促进颈部血液循环，缓解颈项酸痛、僵硬不适。

(4) 清甲利咽

用两手的拇指与食指,从上到下,交替捏提拔伸自颌下至两锁骨之间正中部位的皮肤肌肉,反复7次以上。可清利咽喉,舒缓甲状腺不适等。

(5) 揉捏腋下(左)

接上,以左式为例。抬起左上肢至与肩同高处,松腕舒指,掌心微含,右手拇指置于腋前,其余四指探入腋窝,中食二指点按住极泉穴,动作到位后,五指同时挤压,点、按、揉、捏、震抖腋窝与腋下,次数不计。操作得当,可觉知掌心中指有微微触电感,呼吸通畅,心胸怡然。

（6）搓臂拔指（左）

以左式为例。接上，两膝微下蹲，以腰为轴，身体右转，右肘上抬，右手四指顺势从腋下滑出，右掌置于左肩臂内侧，五指疏开，同时左臂外旋，前伸至掌心朝上，之后，左向拧腰，裹膝，由右肩胛骨处带动右掌从左肩头沿左臂内侧向下推擦；同时，左肩回拉，左右两臂做前后交错运动，右掌推摩至左掌时，右手之食指、中指、无名指、小指顺势各自插入左掌拇指到小指之间，稍用力挤压各指根后，快速有力地拔指而出，继而左掌翻转向下，右手掌沿左手背、左臂外侧揉推至肩部，再返回到肩关节前，继行第二次搓臂拔指。如此反复7次以上。可舒松活利肩、肘、腕、指各个关节。

练至纯熟后，右掌试着离开左臂5至10厘米，意念隔空按摩左臂内外侧，体会身体反应。

此势可调理疏通手三阴经和手三阳经。

李氏曰：外形引动内气，久练自有感应。导引为先通经络，贵在有恒心诚。

(7）揉捏腋下（右）动作同（5），只是左右相反。

(8）搓臂拔指（右）动作同（6），只是左右相反。

(9）推心置腹

动作接(8)，两手的食指、中指、无名指和小指并拢，相接于膻中穴位置，下推至耻骨位置，反复7次以上。功效：开胸利膈，健脾助运，通腑导气。

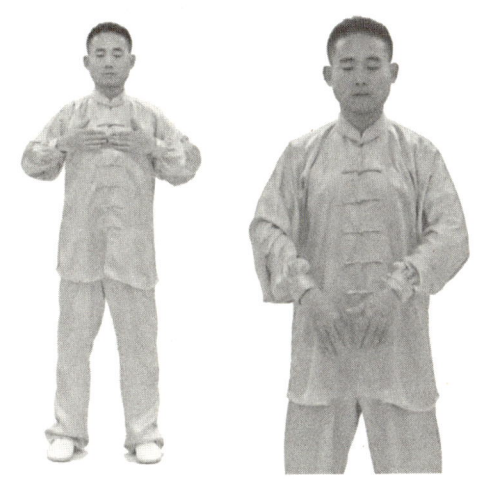

(10）按揉胸胁

两掌分别从胸部旋转按揉至胁肋腹部，反复7次以上。功效：开胸散结，疏肝利胆，理中通腑。

（11）推背腰臀

两掌从背部分别下推至腰臀部，反复7次以上。功效：强腰壮肾，通经温阳。

（12）推揉捏拍双腿

直腿弯腰，用两掌及指分别推揉捏拍双腿的后、前、内、外部，反复7次以上。可强壮腰膝，轻健下肢。

（13）顿足舒指

两足跟离地、踏地，同时两手握拳、舒指。要求动作协调一致，强而有力。功效：振动阳气，疏通经络，令人气血和畅，头脑清爽。

（14）全身震抖（文字说明详见本书第72页）

（15）太极桩势（文字说明详见本书第69页）

3. 要点

练习时要集中精力，身心放松，要像母亲爱抚婴儿一样按摩自己的身体，动作要轻而不浮，重而不滞，柔和均匀，不徐不疾。

4. 参考

曾子曰："吾日三省吾身：为人谋而不忠乎？与朋友交而不信乎？传不习乎？"

朱子曰："曾子以此三者日省其身，有则改之，无则加勉，其自治诚切如此，可谓得为学之本矣。"

李氏曰：三省功夫固不可缺，然三省之余，如能得暇做几次自我按摩，既可以慰劳身心，消除疲劳，减轻病痛，增进健康，还可以有助于发现早期异常，防患于未然，何乐而不为？

诗曰：

身体发肤，受之父母。时时呵护，少招病苦。刻刻铭记，预防为主。
晨起寝前，静听心语。若有不适，早期对处。导引按摩，功简效著。
持之以恒，青春常驻。

三、三圆四部功

1. 名称说明

三圆指平圆、横圆、纵圆;四部指颈部、躯干部、上肢部、下肢部。所谓三圆四部功即指上述身体四部各做三圆的正反运动。

2. 动作说明

(1) 下肢部

① 平圆:以左下肢为例。

取太极桩势,待心平气和后,将两手抬至身前两侧,掌心朝下,两前臂与地面平行,约与脐同高,屈肘约九十度,肘离开身体约10厘米,松肩虚腋,待两掌有麻胀等气感后,双手保持不动,将身体重心缓慢平稳地移至右足,然后抬起并自然伸直左下肢,足底与地面平行,距离地面3至5厘米,在尽量保持足尖向前的情况下,缓缓地用足尖从前向左、向后、向里、再向前平稳地划圆。在划圆的过程中,根据足之位置不同,可微妙调整踝关节、足跟、足内侧、五趾、足外侧的角度,体会处于不同角度时体内气血不同的变化。反复做七次以上后,收回左下肢,恢复太极桩势。静静地感觉双下肢及身体左右气血交流融通而逐渐达到平衡的过程。然后用右下肢划圆,之后左下肢向后、向左、向前划圆,再左右交替。

初练时,可当作单纯的体育运动,待动作熟练、体力增强、平衡能力较好后,在腿部划圆时会感觉到两手掌心有气流同向旋转,继而身体其他部位也会逐渐出现类似感觉。再进一步练习,会感觉到身体如立于水中,当下肢划圆时,引动水面下似有漩涡形成,而水面上,水波重重叠叠,浩浩荡荡向周围扩散开去,每划

第二章 "李易"之辅助功法选介

动一下则水波叠加,气势愈发宏大。有条件者,可实际立于水中练习体验。如此,可渐觉知我们的身体除肉眼可见的躯体之外,似还包含肉体以外三尺方圆的部分。所谓练功,应包括内练经脉、脏腑,外练法脉、场能两部分内容。而法脉恰好是身内气脉的体外循环部分。如此乃能理解,内气外脉的往复周流构成了我们人体完整的生命系统。

如不明此理,只是执着于自身肉体部分,不求沟通于身外之身与大自然,则难以获取足够的能量,无法达到易筋洗髓、脱胎换骨的功效。

② 横圆:以左下肢为例。

右脚支地,上抬左大腿至与地面平行,之后展胯外伸至左腿自然伸直为止,保持左足底尽量与地面平行的状态,之后收回左足至距右足大约10厘米处,再如前抬腿外伸,反复7次以上。之后左右交替,右腿划圆。

接下来,抬起左足约3厘米高,向左伸出至左腿自然伸直为止,仍保持足底与地面平行,然后展胯上抬回收左腿至左大腿与地面平行为止,如此反复7次以上。之后左右交替。

③ 纵圆:以左下肢为例。

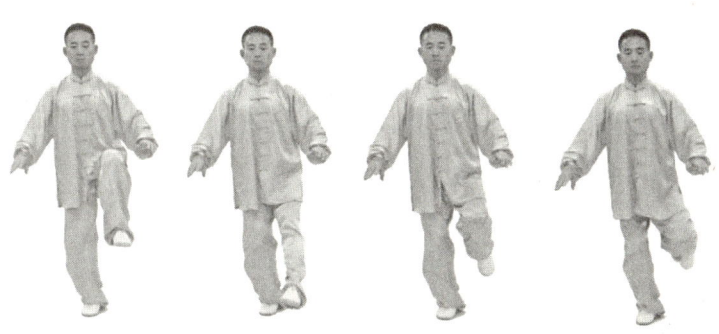

上抬左大腿至与地面平行，稍作静止后，伸直左腿，在保持足底尽量与地面平行的前提下，下落左足至与地面相距约3厘米处，后伸左腿至不能再伸时，先屈小腿，再抬大腿至与地面平行，继行第二次。反复以上动作7次以上。之后换右侧练习。

接下来，左右两足，分别做与上相反的动作，各7次以上。

注意：做以上动作时，保持身心放松，重心稳定，意念腿与腰连，力自腰发，以腰带腿，举重若轻；肉眼可见腿在划圆，而无数无形之圆，亦随有形之圆在身内身外同步运行——此非痴人呓语，还望读者多多练习体会。

（2）躯干部

① 平圆

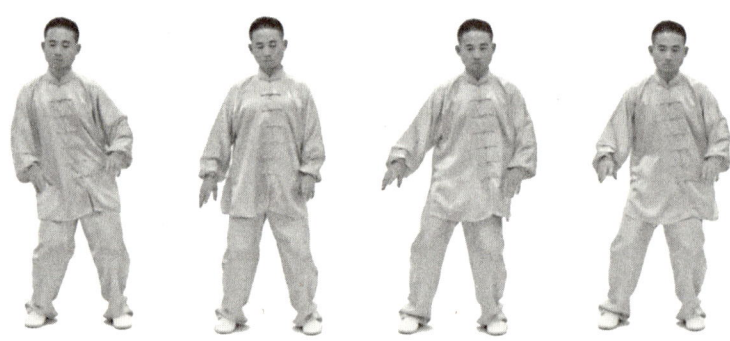

取太极桩势，两膝微蹲，固定骨盆，意想腰以上之躯干部为一整体，以肚脐、命门为基点，整个躯干部连带头部做向前、向左、向后、向右、向前的水平方向的旋转运动，同时配合收腹挺胸，且各椎体间有上拔之意，反复7次以上。之后反方向再做7次以上。

② 横圆

动作要点同上，躯干部做向左、向上、向右、向下、向左的旋转运动。反复7次以上，之后反方向再做7次以上。

③ 纵圆

以胸部为先导,引领躯干部做向上、向前、向下、向后、向上的旋转运动,同时配合拔伸脊柱、挺胸、目上视、收腹、含胸、松腹、抻颈、摆臀等动作。反复7次以上。

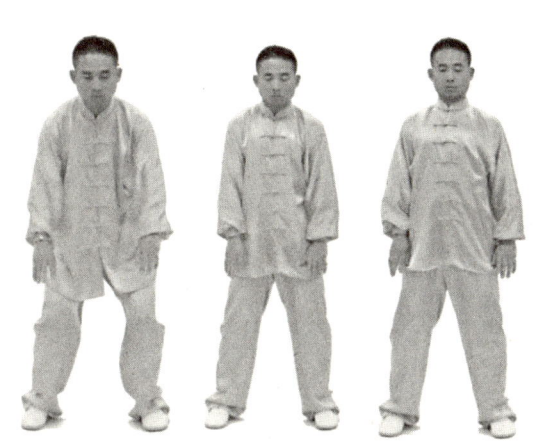

之后,做反方向运动,即向下、向后、向上、向前、向下旋转7次以上。

动作纯熟后,可配合呼吸及意念行任督二脉顺、逆循环练习,特别是前三关、后三关处,尤须内视、观照、疏通、拔伸。如此练习,日久自能豁然开朗,而生别有洞天之感。

需要强调的一点是,动作外形看似类同的功法,因心法不同,习练者悟性不一,而所得自有云泥之差。原因何在？在于是否心诚、志坚、有恒而已,尤其"诚"字,于为人处事、修身养性极其重要。如《中庸》所云:"诚者,天之道也。诚之者,人之道也。诚者,不勉而中,不思而得,从容中道,圣人也。诚之者,择善而固执之也";"唯天下之至诚,为能尽其性";"诚则形,形则著,著则明,明则动,动则变,变则化。唯天下至诚为能化";"诚者自成也,而道自道也。诚者,物之终始,不诚无物。是故君子诚之为贵。诚者,非自成己而已也,所以成物也。成己仁也,成物知也";"故至诚无息,不息则久,久则征,征则悠远,悠远则博厚,博厚则高明"。是知,诚之为用大矣哉……经典名句,历久弥新,时时品味,正心修身。

由上亦可知,儒家并非只是空洞说教,原本具有实证功夫。他如孔子之"曲肱而枕之,而乐在其中矣""屏息似不息者";颜回之"坐忘";孟子之"吾善养吾浩然正气"等皆是例证。内证原是中国传统文化特征之一,此不赘言。

躯干部之三圆功法,初练有些难度,可端坐于镜子前,边观看本书的视频,边模仿练习。"人一能之,己百之。人十能之,己千之。果能此道矣,虽愚必明,虽柔必强"。相信熟能生巧,只要功夫深,铁杵磨成针;有志者,事竟成。

（3）上肢部

预备式

两臂抬起，与肩同高，掌心向下，手指朝前，十指疏直，两手间距约与肩宽，肩、肘、腕同高，二目平视。

① 平圆

保持上述姿势，两臂向左、向前、向右、向后、向左水平旋转划圆，反复7次以上。

与上式相反，即两臂向右、向前、向左、向后、向右水平旋转划圆。

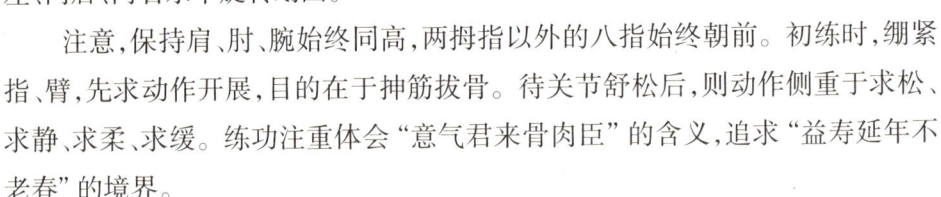

注意，保持肩、肘、腕始终同高，两拇指以外的八指始终朝前。初练时，绷紧指、臂，先求动作开展，目的在于抻筋拔骨。待关节舒松后，则动作侧重于求松、求静、求柔、求缓。练功注重体会"意气君来骨肉臣"的含义，追求"益寿延年不老春"的境界。

② 横圆

动作要求同上，两臂向左、向上、向右、向下、向左划圆，反复7次以上。之后反方向运动，即两臂向右、向上、向左、向下、向右划圆。动作幅度要求上不过顶，下不过胯。

第二章 "李易"之辅助功法选介

③ 纵圆

两臂向上、向前、向下、回收至腹前,再向上划圆,反复7次以上。然后,反方向练习7次以上.

（4）颈部

① 平圆

头微上抬,以下颌为先导,引动颈部向前、向左、向后、向右、向前划圆。反复7次以上。

之后以下颌反方向划圆,即下颌先向前探出,再向右、向后、向左、向前划圆,反复7次以上。

② 横圆

以下颌为先导,引动颈部向左、向上、向右、向下、向左划圆,之后反方向划圆,各7次以上。

57

③ 纵圆

以下颌为先导,引动颈部向上、向前、向下、向后、向上划圆。之后反方向划圆。反复练习7次以上。

注意:a. 练习以上三圆时,始终保持颈椎上拔,两目始终注视同一个点;

b. 严重颈椎病、高血压病等患者,慎练或不练。

以上三圆四部功,可分开单独练习,熟练后,可以连动起来一并练习。

本功法对增强下肢力量,提高人体各大关节的柔韧性、灵活性、活动度,协调全身平衡能力,预防意外跌倒,促进健康,美容减肥等均有良好效果。

除以上功效外,在此还想强调其对筋膜的作用。所谓筋膜,是指包裹肌肉、血管、骨骼、五脏六腑等身体各部组织的膜。筋膜如网络,无处不在,内联脏腑,外络肢节。练习三圆四部功及"李易"十二式等,可以解放、舒松、调整、复位、强壮、抻拔已经扭曲、变形、粘连、萎弱、拘挛、短缩的筋膜。如筋膜练得柔、顺、和、劲、壮、强了,则周身浑然一体,一动无有不动,是所谓"肌肉若一"的状态。

三圆四部功是动功,与站桩一静一动,动静兼练,相辅相成,都有很好的修复、强壮筋膜的作用。感兴趣者,还可参阅书末所附的五步练膜功。

诗曰:

流水不腐,户枢不蠹。人体宜动,但勿过度。

减肥健美,功在持续。养生要诀,知足寡欲。

四、坐功

坐功：所谓坐功，即坐式练功方法。

1. 常见坐功形式

坐式练功根据修炼要求与修炼环境不同，而有散盘坐、单盘坐、双盘坐、平坐、方便坐、跪坐等等。

（1）散盘坐

即两足交叠于腿下，臀下置一薄垫，其厚度以腰部能坐直为度，一般3至5厘米为宜。双手分置于膝头外上侧，十个指腹微微回合。双目平放，不视一物，亦无物不视，唯调己身端正，以中脉虚直为第一要法，周身松静。

（2）单盘坐

即一腿置于另一腿上面。其余要领同散盘坐。

（3）双盘坐

即两足皆在腿上。其余要领同散盘坐

（4）平坐

要求坐于高度适宜的凳子或椅子前部，双足距离与肩同宽，两足平踏，两掌心朝下，分置于两膝头，其余要领同散盘坐。

（5）方便坐

即坐时不拘姿势，以方便自在舒适自然为度。

（6）跪坐法

一般练功者在盘坐初期，多难以体会身体姿势要领，难以真正放松下来，容易造成腰部受力过重,从而影响肾区的气血运行。如果在每次盘坐前,先跪坐几分钟,则会有助于腰背的放松。其具体做法如下:先直跪于床上或软垫上,两脚掌放平,伸直,两大趾轻轻接触,上身竖直,臀部安安稳稳地坐在自己的足跟与腿上。摆正双膝,双掌置于大腿上面,十个指腹微含。身体放松,中脉虚直,如此安安静静,自自然然地坐着即可。

2. 师传坐功（丹功）选介

（1）丹命呼吸法

道德经云:"夫物芸芸,各复归其根,归根曰静,是谓复命。"

丹命呼吸法,遵循归根复命的原则,入手即在回风混合的吸气时,意守命门之内宫,即命源宫的变化;再以"命源鼓动丹海（丹田之内宫）",在鼓动的状态下,引发先天气机发动,发动之后,生命本能之玄关炁脉便会自然打开,恢复生命原始的呼吸节律,进入气脉胎息状态。丹经所谓之"丹田火炽,两肾汤煎"是其验证。

口诀:吸命源,呼丹海,融融不息玄关开。

练法:唇齿阖闭,以鼻吸呼。先用意念观想命源宫,徐徐吸气,边吸气边意想天地之清气源源不断地进入命源宫里,命源宫亦随着吸气而逐渐向前、向后膨胀;接着缓缓呼气,同时用意念观想所吸入的气呼入丹海宫,又借命源宫鼓涨之势启发引动丹海,此时丹海之中真气氤氲,一片融融。呼气结束后,静息片刻,寂观命源鼓动丹海所造成的玄关母窍（丹海命源之间）的前后鼓动状态,似呈高频、震荡、颤抖状。以上吸气、呼气、静息三个阶段构成一次完整的呼吸过程。之后,复行第二次吸气命源,呼气丹海,静息寂观玄关母窍的练习,此为武火修炼,共行47次。（静心行持,随任自然。初练时多不得要领,呼吸易紊乱,且多因注意力不集中,而难以正确计数呼吸次数。切记不要着急,可以做几次呼吸后就改用自然呼吸法,静静地休息之后再继续练习。）

武火修炼47次之后,一呼一吸皆归于自然,唯守玄关母窍生生不息,归根复命。此为文火修炼之法。呼吸次数不拘,随意而定。

文火修炼之后,续行"息火"之功。即以我之全部身心回守中脉虚直,道法自然尽归身。此亦为丹命呼吸法之收势方法。

要旨：在呼气时，命源由鼓涨渐还至"中"的状态，但其势并不塌屈，此为命源还虚为呼，命源鼓动为吸，即《道德经》"天地之间，其犹橐籥乎？虚而不屈，动而愈出"的愈出却不出的状态，只以其鼓动之势来作用于丹海，并以此来引发玄关母窍的开启，促使生命原始气机的发动。

此中吸气、呼气、静息三者之间的长短关系大概为2∶3∶1。一次呼吸时间的长短也因人而异，不可过急，亦不可太缓，过急则躁而不稳，太缓则滞而易乱。不可憋气，应留有余地，坚持练习，逐步达到从容和缓，深细匀长，渐随己身功夫的纯熟，自然地会领悟与把持好"为中"的息境。

此法以坐式练习为主，亦可采用立式或卧式。

注意：在习练过程中，始终保持中脉虚直。

（2）丹海沉入法

上述丹命法以人体本能气机的发动来激发炁脉、玄关母窍的开启，引发生命本始之机的发现。但先天玄窍和炁脉开启之后，其对身体整体炁脉的影响仍是弱而不及，如果继续以其直练全身，便是以本求末，得不偿失——虽也能出现诸般效验，但终将导致元精亏穷，而误修真正途。故在玄关发动之后，即以丹海开阖之机，以后天用后天，以有形而无为之法炼化全身百脉，促使万窍齐鸣，返本还原。虽然在呼气时，气并不进入命源，但"丹海沉入法"能使命源之机自行还固，如此，玄关显而不发，留而不用，只以根本之道，为日后先天法脉修持打下根基。

练法：取坐式或立式、卧式，中脉虚直，静心行持。先用意默想"腹内虚空，全身毛窍虚穷"，默守片刻后，一边内观腹内虚空，一边微微吸气，意想天地正气经遍体毛窍吸入丹海，呼气时，百窍回阖，沉于命源。此时所吸之气在丹海中氤氲，瞬间静息时，腹内融融化虚空。

以此武火修习45次之后，自行文火默化，守腹内为中，感遍体毛窍自行开阖，之后，再静息默守中脉虚直之法，来完成息火之期的静育吾身。

口诀：吸丹海，呼命源，腹内融融静息间。

要旨：即在吸气时，意想气自遍体毛窍入丹海；呼气时，沉入命源；静息时，唯守腹内虚空一片，静静中先天玄机自相衍化，氤氤氲氲，百脉调和。此法练习精熟后,能在自然而然中感知到吸气时以腹为中,万窍自开;呼气时,命源为根,万窍回阖内孕,腹内融融。有此体验,即可进行下一阶段的修炼方法。

一部优秀的功法,一套完善的修炼体系,皆是步步有内景,步步有效验,许多内容远非文字笔墨可以描述,如人饮水,冷暖自知,非真修实练者难以理解,更有些内容,非口传心授难以尽知,难以尽得。

五、卧功

所谓卧功,即卧式练功方法。

1. 常见卧式练功形式

(1)仰卧式

仰卧时头下枕物高度适宜,应以接近中脉虚直为法,参考高度为3厘米。手臂放于体侧,距体一拳之隔,掌心朝下,十指疏直,指腹微含,肘略弯曲,双腿伸直,两脚距离约同肩宽。

(2)侧卧式:以右侧卧为例

身体右侧着床,枕宜略高,右手置于枕上,距头部约10厘米,掌心向上。右腿向前弯曲,大腿与躯干部约呈90度角,左腿自然弯曲,置于右腿上面,左足内侧着床,调整身体使左足底之涌泉穴与会阴穴、百会穴处于同一条直线上,右足心贴于左腿膝足之间大约中心点的位置,左手置于小腹丹海处。周身松静,中脉虚直。

2. 卧功方法选介

(1)启动玄窍修炼法

此处玄窍主要指会阴、命门二穴。前者又称虚危、阴跷、海底、上天梯等。清·刘敲跷《道源精微歌》云:"虚危穴……上通天谷,下达涌泉,真阳初生之时,必从此穴经过,故曰关系最大。昔吕祖教刘海蟾曰:'水中起火,妙在虚危穴,故海蟾长坐阴跷,而返老还童矣。'"张紫阳《八脉经》云:"八脉者,先天大道之根,

第二章 "李易"之辅助功法选介

一炁之祖。采之惟在阴跷为先,此脉才动,诸脉皆通。"而命门穴,即生命之门,是生命能量启动生发之所,如《难经》云,"命门者,其气与肾通","精神之所舍,原气之所系也"。《石室秘录》载:"命门者,先天之火也。"而临床上命门穴是培元补肾、固精壮阳、强健腰脊的要穴之一。

由上可知,命门、会阴二穴在练功方面的重要性。也正因为如此,特意介绍以下方法,一般每天练习三次,每次10余分钟,大多数功友会在三天以内出现命门跳动、阴跷发麻的生理气机反应。

练习方法:

① 武火修炼

正式的练习时间以夜深人静时为宜。仰卧于床,两足分开,与肩同宽,双膝向上弯曲约呈90度,两足平放于床,十趾向下微踏。腰胯松开,腹部松开,全身松开,呼吸自然。

双手于腹部结"太乙启玄印",即两大拇指相接,两食指相接,虎口张开,双掌平放,十指自然疏张,食指、中指、无名指、小指指端间距约一横指,之后,两小指微微上翘外展,其余各指依旧疏张。

双手持印,两拇指置于肚脐上缘,稍候,手印贴腹向下滑行,在拇指端至气海穴处静止。之后,两小指自然上翘,轻搭于大腿上面,其余各指保持疏张、放松状态,肘下可垫衣物或自然放置,以舒适为度。手印摆好后,再一次调整身体,使之完全放松,闭目,阖唇齿,自然呼吸。接下来十趾微踏床面,舌尖轻抵上腭,保持此体势与要领,静持约10分钟,此为武火修炼。

一般效验:

a. 会阴穴周围可出现冷、热、酸、麻、胀、痛、痒、滑等所谓八触反应,其区域或大或小,多呈狭长带状;关元穴、气海穴处亦有相应反应。

b. 命门穴有指腹大小区域出现向内或向外跳动,砰然有声,初始无序,之后节律规整。如果一次修炼时间超过15分钟,命门穴会有痛感,便需进行文火修炼,并且下次练功时间应少于此次,且勿贪恋功境,用心把握火候,应知欲速则不达,过犹不及。

c. 身体敏感者,足跟处酸麻热胀感亦明显。

其他如口中甘津化生、增多,腹内丹气发动等反应会相继发生,请自行体验这些生命节律,而乐自在其中。

② 文火修炼

足趾缓缓疏开,两腿自然伸直,手印贴腹上移,两拇指合于肚脐上缘,此即为文火修炼,时间长短随己。

收势:

按摩腹部,搓手浴面,轻舒全身,也可自然睡去,醒后再行摩腹浴面等。

于此处介绍此法的目的,是为了让功友通过实际体验自身气血变化的感觉,而增强练功的兴趣与信心,而信心与诚心是进入修炼门径的钥匙。

(2)温肾法

平卧于床,不用枕头,两足分开,与肩同宽,平心静气,全身放松。把两手分别置于两腰部,使两外劳宫穴对准两腰眼穴,之后静待身体气血反应,保持10～15分钟。

一般效验:可很快出现腰部继而腹部发热,敏感者会感受到双腿温通轻利,此法可缓解腰部疼痛,消除疲劳,改善阳痿、早泄、宫冷不孕等症。

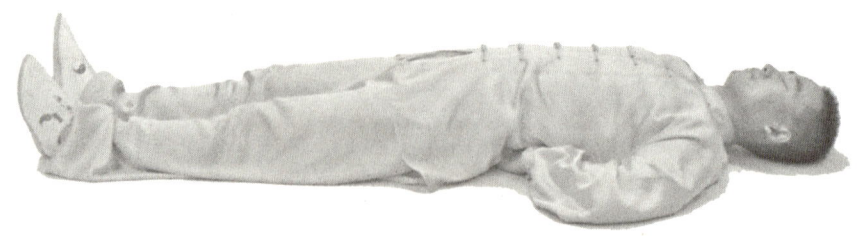

小功法,大妙用,不练不知道,练了都说好。愿有缘者惜之。

六、行功

所谓行功,即在行走状态下进行的练功方式,主要有直线行功和曲线行功两种。

李医生的易筋洗髓养生操

（1）练习方法

取太极桩势，重心渐渐移至右足，继而轻轻抬起左足，缓缓靠近右足至3到5厘米处后，先向外再向前徐徐迈进，之后平平稳稳落地，接着迈右足。

（2）注意

行走时平心定气，意念集中，除持重腿外，身体尽量放松。上身保持不动，悬顶正容、舌顶上腭、竖项拔背、舒肩坠肘、坐腕疏指、塌腰提肛、合膝实足。前行距离以落地时双膝头各自不超过足尖为准，双足平起平落。转换方向时，双足外摆内扣，并配合拧腰，扭胯等。

两手之手势因练气、行气、运气、使气、采气、布气等不同而灵活变化。

行功能有效加强下肢力量，快速提高身体的灵活性、敏感性，特别是走圈，有明显促进身体内外沟通的作用。训练有素者，可自然而然地摄取自然能量，而所走之圈，也自然而然地成为能量聚集处，身体敏感者经过此圈时，会有感应。此非天方夜谭，有实修经验者，必知吾言非虚，也会进一步理解《西游记·三打白骨精》中悟空所化之圆的威力缘由。

以上介绍的行住坐卧各种练功方法，可以单独练习，也可以配合"李易"十二式练习。只要能正确用功，并能持之以恒，做到练功生活化，定会获益匪浅，益寿延年。

第三章 "李易"之预备功法选介

第三章 "李易"之预备功法选介

一、预备功法

"李易"之预备功法,也是基础功法,是每天日课不可或缺的、应终生坚持的功法。

1. 太极桩势

此桩在吐故纳新法里已经简介了其站法,即两足分开,与肩同宽,足尖朝前,两足外侧平行,两臂自然下垂于体侧,掌心向内,十指疏直,中指平行于中脉两侧,调节双肘和两肩,疏松开全身。精神内敛,神形合一。

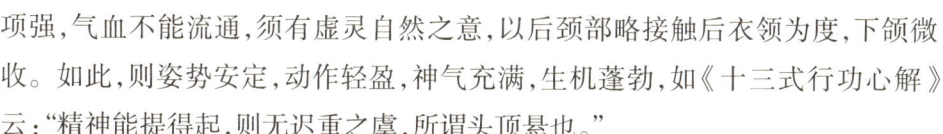

下面再补充介绍其身法要领。

(1) 悬顶正容

所谓"悬顶",是指头颈自然上提,如有丝线轻轻向上牵拉头顶百会穴处毛发,又称"虚灵顶劲",顶劲者,头容正直,神贯于顶也。不可用力,用力则项强,气血不能流通,须有虚灵自然之意,以后颈部略接触后衣领为度,下颌微收。如此,则姿势安定,动作轻盈,神气充满,生机蓬勃,如《十三式行功心解》云:"精神能提得起,则无迟重之虞,所谓头顶悬也。"

所为"正容",是指调整面部表情,使之自然中正,祥和从容。心如止水,无欲无求,喜怒哀乐,不形于色。无欲则刚,正气充身,望之俨然,而即之也温,气定神闲,雍容大方。有诸内必形诸外,内外之形象皆是精气神三者融一后的表现,司外可以揣内,安内亦可实外。

(2) 沉肩坠肘

所谓"沉肩"者,即肩松开下垂也。若不能松垂,两肩端起,则气亦随之而上,全身皆不得力也。

所谓"坠肘"者,即肘往下松坠之意,肘若悬起,则肩不能沉,气不能收敛。

（3）展臂虚腋

所谓"展臂"，是指上肢舒展松柔；"虚腋"，是指腋下松开，有容纳一个鸡蛋乃至一个馒头的空间。掌指是人体敏感部位，容易得气。如能做好展臂虚腋，则上肢乃至全身动作方能做到柔活圆顺，且指腹掌心自然出现蓬松松、胀鼓鼓、沉甸甸的感觉，敏感者前臂、上臂亦觉麻酥酥有如触电，有此感觉，更要坚持练习，则"臂膊如棉裹铁，分量极沉"，乃得真正内劲。

（4）舒指活腕

所谓"舒指活腕"，是指十个指头自然疏开、舒松，指腹微含，腕部灵活，不滞不僵的意思。《太极拳论》上所说的"主宰于腰，形于手指"，确是至理名言。此句与沉肩坠肘、展臂虚腋相连，调整得好，会很快得气，长功迅速。而习练有素者，多见指腹饱满，手掌厚实，掌心凹陷，常有突突跳动之感，合谷肉丰，指甲红润。当然，久不练功，或大病之后，或沉溺房事等，以上诸现象也会相应发生变化。

（5）含胸拔背

"含胸者，胸略内涵，使气沉于丹田也。胸忌挺出，挺出则气壅胸际，上重下轻，脚跟易于浮起。拔背者，气贴于背也"，又，"牵动往来气贴背，而敛入脊骨"。能做到含胸拔背，则脊柱自然伸直，易于蓄气、养气、行气、使气等。

（6）松腰松胯

腰胯相连，为一身之主宰。气如车轮，腰如车轴。放松腰胯，然后两足有力，下盘稳固，虚实转化，灵活自在。所谓"命意源头在腰隙"，有不得力处，必于腰腿求之。

（7）圆裆泛臀

即两臀部、两大腿同时外撑，自然形成圆裆泛臀，两胯根略向后移，两膝稍内合。如此，更有利于身体之上下相随及气力之上传下达，也有利于疏通足三阴经。

（8）腿屈膝弯

即两大腿及膝关节适度弯曲，如此既可以缓冲压力，保护膝关节，又能使身形稳定，保持平衡。

（9）十趾抓地，足心内含

足弓是人体重要结构，为精气所化生，应善加保养。站桩时十趾抓地，足心内含，是基本要求，这种站法有利于足弓保养。初练时足跟有上抬之意而不离地，渐渐地起脚挂趾，离地乘空，以利气机发动，气道顺畅。之后可以把足趾、足跟看作是跷跷板的两端，在站桩的过程中，在保持中脉虚直的前提下平稳缓慢地前后移动身体重心，或以前脚掌乃至只用十趾着地，或脚跟着地，而始终保持中脉虚直。

（10）命门外撑，肛门上提

即命门略向外撑，小腹稍向内收，继向上略翻，同时，肛门上提。如此可有利于气沉丹田，固守下关，保精畜气，温养命元，还能促进任督循环。

（11）两目平视，舌抵上腭

目上视则心神上浮，目下视则心神下沉，目平视则神敛心澄。

轻轻扣拢上下牙齿，微闭双唇，则舌尖自然抵住上腭，无需用意着力翘舌。舌抵上腭，可促进津液化生，沟通任督二脉。

（12）息息归根，神与气合

初练者，主要采用鼻呼鼻息的方法，可以从自然呼吸入手，渐渐地采用顺、逆腹式呼吸。习练时，思想集中，心息相依，一呼一吸，皆以下丹田为起止的场所，气机之升降开合皆以下丹田为归依。调整呼吸，逐渐达到深细匀长，但不可屏气而故意求长求细，应顺其自然，只要持之以恒，久之自然会达到"若存若亡"的境地。

当然呼吸方法因练功内容、所处练功阶段及功境火候不同而异，应该灵活运用，不必拘泥，兹不赘述。

以上诸条，初练者难免会顾此失彼，手足无措，但习惯成自然，只要认真体会，反复琢磨，会逐渐得心应手，驾轻就熟，而练功效果与效率也会相应提高。

其心法要领为：

  静意山根，神归祖窍，循脉下照，泉涌逍遥。
  静意会阴，足间顶巅，三位一线，松静自然。
  静意命门，玄关渐现，虚直中脉，彻地通天。
  静意灵台，化通自然，物我一体，人天同源。

练功，无论站桩还是打坐，均以心法调神为主修持，用指肘姿势调节法脉与经脉的炼化，内外兼修，同修身心。

2. 全身震抖

由太极桩势变为高马步，如骑在马背上，由腿部发力抖动身体，动作幅度由小到大，频率由慢到快。熟练后，有节律地持续抖动，并配合各种姿势、形体动作，随意抖动身体各部，如身体前俯后仰，双臂上举、平举、前伸、后拉，抖动下肢等。

边抖动边体会抖动对身体皮肤、筋膜、肌肉、骨骼、内脏乃至骨髓无微不至的影响；体会大肌肉群如胸大肌、臀大肌、腹部肌群、腰背部肌群、肱二头肌、肱三头肌、大腿四头肌等跳动不已、骨肉分离、骨升肉降的感觉，继而觉察周身酥软、遍体融通的状态。静止后，再仔细观照感觉浑身上下、内外似有微弱电流纵横无碍地传导，此时，身体酥麻，心中喜乐。

实际练习时，根据体质、体力，可以轻抖，如和风细雨，润物细无声；可以剧抖，似狂风暴雨，摧枯拉朽。抖动功夫深了，可以快速激发身体阳气，疏通阻滞，又能启动开发身体自我修复系统，使身体得以康复。

其功效强大，诚如谚语所说，百炼不如一站，百站不如一抖。

李氏常云：抖一抖，气血流；抖两抖，精神擞；抖三抖，赘肉丢；常抖抖，病没有。

信哉斯言。

笔者在教学中常将此抖法与站桩、静坐、导引互相结合以指导学生练习,效果满意。

3．观照浴身洗髓法

此法可参考前述行功要诀之观照、浴身、洗髓、澄心部分。

取太极桩势,周身放松,微闭双目,做观照练习。

（1）观照脊柱

调整身形,尽量做到"尾闾中正神贯顶,满身轻利顶头悬",即头略上顶,臀微下坐,如此脊柱自然拉直。然后观照脊柱的整体轮廓及每一节椎体的细微结构（平素常常观看解剖图谱,会有利于观想、观照）,之后边轻轻摇动身体,边观照每一节椎体都微微地缓缓地前后涌动,左右旋转,螺旋上升、下落等。起初只是外部身形摇动,渐渐会感觉到整个身体从外到内蓬松如绵,如痴如癫,松到极处,身轻如燕,飘然欲仙。就这样双目闭合,充满慈爱地、默默地、专注地观照脊柱,柔柔地、慢慢地、连续不断地摇动。状态好时,会感受到从百会穴到涌泉穴都有微弱电流四通八达,全身酥麻,妙不可言。

（2）观照温水淋浴、浸泡全身

① 可以反复观照温水自头流至足,体会"淫淫若春泽,液液像解冰,从头流达足,究竟复上升"的境界。

②观照温水浸泡全身,水温从皮肤渗透到肌肉、骨骼、内脏,以至骨髓,体会全身温暖轻松,气血周流畅通,心情愉悦怡美等感受。

（3）观照气浴周身内外，光浴周身内外

观想：金光烁屋,瑞气盈庭,甘露灌顶,光明浴身,五脏玄明,内外明彻。

如上,久久练习,则"颜色浸以润,骨节益坚强。辟却众阴邪,然后立正阳"……身中寒湿之邪得温而化,冷痛之结得阳而消,淤血痰凝随之化解,污浊心垢也自能得以清洗而复还澄澈明灵之本来面目。此正所谓"蒸融关脉变筋骨,处处光明无不通",所谓"换骨"、"洗髓"是也。

李医生的易筋洗髓养生操

参考一：小议"读诗练功与阳生"

绝 句
杜甫

迟日江山丽，春风花草香。
泥融飞燕子，沙暖睡鸳鸯。

　　诗圣的这首诗，笔法高妙，以诗为画，画面优美，美不胜收！你看：阳光普照，水碧山青，草木复苏，万象更新。清风拂面，送来百花的芬芳，带来绿草的清香。河滩上，溪岸边，冰雪融尽，泥土潮湿而松软，空气清新而醉人。乖巧可爱的燕子轻盈地飞来飞去，快乐地衔泥筑巢，呢呢喃喃。美丽多情的鸳鸯相依相偎，安睡在温暖舒适的沙滩上，是那么的静谧迷人……画面里有动有静，有香有色，有情有义，相映成趣。全诗短短的20个汉字充分展示了诗人目之所视、耳之所闻、鼻之所嗅、身之所触、意之所感的丰富内容。

　　不知读者读文到此会有何感想？诗中所描述的这一切无不沐浴在暖煦的阳光下，和谐而自然，这不就是浴身洗髓的意境么？乃作打油诗曰：

站桩打坐有功境，读书诵诗求意境。
六根原本自相通，诵诗读书亦练功。

　　窃以为，练功之人，闲暇之余，朗诵古文古诗，不仅可以提高个人修养，亦可促进练功。练功不只是拘泥于站桩、打坐、易筋、练气，更重要的是调节情志，修养身心，行善积德。

　　《毛诗》曰："诗者，志之所至也，在心为志，发言为诗，情动于中而形于言，言之不足故嗟叹之；嗟叹之不足，故咏歌之，咏歌之不足，不知手之舞之，足之蹈之也。情发于声，声成文谓之音……故正得失、动天地、感鬼神，莫近乎诗。先王以是经夫妇、成孝敬、厚人伦、美教化、移风俗。"

　　诗之音韵声律之美自能调和五脏，疏通经络，扶正祛邪；诗之文字意境之美自能调节情志，洗心涤虑，开慧增智。

第三章 "李易"之预备功法选介

黄元吉真人在论及"阳生"之道时说:"诸子谈及阳生之道,已非一端,总不外无思无虑而来……又如忠臣烈士,惟义是从,设有祸起非常,愿捐躯以殉难,此真正阳生也,不然,何以百折不回若是耶?由是推之,举凡日用常行,或尽伦常孝友,或怜孤寡困穷,一切善事义举,做到恰好至当,不无欢欣鼓舞之情,此皆阳生之候。只怕自家忽焉见得,忽焉又为气阻;又怕自家知道,因而趾高气扬,喜发于言,形动于色,洋洋诩诩,不知自收自敛,视有如无,因被习气牵引而散矣;又或读书诵诗,忽焉私欲尽去,一灵独存,此亦阳生之一端也;又或朋友聚谈,相契开怀,忽然阳气飞腾,真机勃发,此亦阳生之一道也;更于琴棋书画,渔樵耕读,果能顺其自然,本乎天性,无所求亦无所欲,未有不悠游自得消遣忘情者,此皆阳生之象也。总要一动即觉,一觉即收,庶几神无外慕,气有余妍,而丹药不难于生长,胎婴何愁不壮旺?即或不至成仙,果能持守不失,神常反于穴中,气时归于炉内,久久真阳自发矣。尤要知人有阳则生,无阳则死。以此思之,纵自家鲜有功德,不能上大罗而参太虚,亦可迈俗延龄,为世间地仙、人仙焉。诸子从此悟得,方知阳即道,道即虚无自然。子思子谓'道也者,不可须臾离也',其即此收敛阳光不许一毫渗漏之说欤?"

明确指出"读书诵诗"是阳生之一端,而历史上很多文人出身的忠臣烈士面临国难时,能正气凛然,视死如归,此即"真正阳生"的表现,此即读书即练功的道理。李氏打油诗曰:

> 未有神仙不读书,腹有诗书气自华。
> 他山之石可攻玉,守得中和即丹家。

此诗似与曹文逸真人《灵源大道歌》之"工巧文章与辞赋,多能碍却修行路,恰如薄雾与轻烟,闲傍落花随柳絮"冲突,其实不然。曹真人是告诫世人,修行事大,应及早精进,不要为文章、声名、金钱等身外之物所羁绊而误了修真正途。笔者想表达的是文章、诗赋等皆为助成工具,如能善加利用,反而会促进修行。当然若是沉溺于诗歌,整日"为赋新词强说愁",则是舍本逐末,必然"碍却修行路"了。

李医生的易筋洗髓养生操

又,黄真人言"举凡日用常行,或尽伦常孝友,或怜孤寡困穷,一切善事义举,做到恰好至当,不无欢欣鼓舞之情,此皆阳生之候",此"恰好至当",似类同于"喜怒哀乐之未发谓之中,发而皆中节谓之和"的"中和"。但阳生多指发生于某一阶段的现象,而中和则是修养有成的理想状态。

总之,练功修行,一方面要努力做到"外息诸缘,内心无喘,心如墙壁",一方面要在日常生活中"随缘化性,应物不迷,常得清静"。

练习观照浴身洗髓法前后,可以吟咏上面诗圣的这首绝句,以增强意境,辅助功效。读诗有利于练功,读诗即练功。

参考二:洗髓刍议

洗髓一词,最早见于汉·郭宪《东方朔传》:"吾却食吞气,已九千余年,目中童子,皆有青光,能见幽隐之物,三千年一反骨洗髓,二千年一剥皮伐毛,吾生来已三洗髓、五伐毛矣。"而洗髓之广为流传,则大概是因后世《易筋洗髓经》的缘故。然洗髓何意?又如何修炼?是很多朋友关心的问题。

窃以为,"洗髓"之"洗",类同于"洗心退藏于密"之"洗",既有修炼、修养之意,也有修复、保养、补充之意。至于"髓"字,既指人的思想心性,也指人体的脊髓、脑髓等。然令人遗憾的是,翻阅过多位名家署名的多本有关《洗髓经》的著作,对洗髓的解释与练法或语焉不详,或文题不符,或指鹿为马,或隔靴搔痒,或王顾左右而言他,以至于读后反而疑惑更多,徒添郁闷。

在《易筋洗髓内功图说》一书里,有关《洗髓经》行功方法的集中论述主要有两部分。

一是洗髓经总意,原文摘抄于下:

> 如来大慈悲,演此为洗髓。须俟易筋后,每于夜静时。
> 两目内含光,鼻中微运息。腹中觉空虚,正宜纳清煦。
> 朔望及两弦,二分并二至。子午静守功,卯酉干沐浴。
> 一切惟心造,炼神竟虚静。常惺惺不昧,莫被睡魔拘。
> 夜夜常如此,日日须行持。唯虚能容纳,饱食非所宜。

第三章 "李易"之预备功法选介

谦和保护身,恶厉宜紧避。假借可修真,四大须保固。
柔弱可持身,暴戾灾害逼。渡河须用筏,到岸方弃之。
造化生成理,从微而至著。一言透天机,渐进细寻思。
久久自圆满,未可一蹴企。成功有定限,三年九载余,
从容在一纪,决不逾此期。心空身自化,随意任所之。
一切无挂碍,圆通观自在。隐显度众生,弹指超无始。
待报四重恩,永灭三途苦。后人得此经,受持可奉行。
择人相授受,叮咛视莫轻。

二是洗髓还原篇,抄录于下:

易筋功已毕,便成金刚体,外感不能侵,饮食不能积。
犹恐七情伤,元神不自持。虽具金刚相,犹属血肉躯。
须遵洗髓经,少食多进气,搓摩干沐浴,按眼复按鼻。
摸面又捻耳,不必以数拘。闭眼常观鼻,合口任鼻息。
度数暗调和,身定神即定。每日五更起,吐浊纳清气。
开眼即抽解,切勿贪酣睡。厚褥跏趺坐,宽解腰中系。
右膝包左膝,调息舌抵腭。胁腹运尾闾,摇肩手推肚。
分合按且举,握固按双膝。鼻中出入悠,绵绵入海底。
有津续咽之,以意送入腹。叩齿鸣天鼓,两手俱掩脐。
伸足扳其趾,出入六六息。两手按摩竟,良久方盘膝。
直身顿两足,洗髓功已毕。徐徐方站起,行稳步方移。
忙中恐有错,缓步为定例。三年并九载,息心并涤虑。
浃骨更洽髓,脱壳飞身去。渐已浑化天,末后究竟地。

即说偈曰:口中言少,心头事少,腹里食少,自然睡少。有此四少,长生可了。

粗读以上两篇文章,感觉与"坐式八段锦"有相似之处,如能勤习无间断,其养生保健作用自然值得期待,但总觉得未能道尽"洗髓"心法奥妙,未能点明火

李医生的易筋洗髓养生操

候药物,似有所保留,而让人意犹未尽,怅然若失,与想象中享誉武林、有功中之王美誉的《易筋洗髓经》相去甚远。当然,笔者的这种疑问或许源于孤陋寡闻、才疏学浅、浅尝辄止、修为不足;或许是文章作者担心所谓泄露天机而存疑虑;或有难言之隐,不便书于文字,而只是点到即止,未能进一步阐幽发微;抑或是有其他原因,不得而知。总之,笔者对上文之洗髓作用存疑,亦不知是否有人按此练功而得洗髓妙用?希望大家为笔者指点迷津。

就目前而言,笔者比较欣赏孙禄堂、薛颠两位先生和黄元吉真人有关洗髓的论述。

孙先生在《拳意述真·郭云深论形意拳》中载,形意拳有练精化气、练气化神、练神还虚三层道理,有易骨、易筋、洗髓三步功夫,有明劲、暗劲、化劲三种练法,并解释说,"洗髓,练之以清虚其内,以轻松其体,内中清虚之象,神气运用,圆活无滞,身体动转,其轻如羽";"化劲,练之周身四肢动转、起落、进退皆不可着力,专以神意运用之。虽是神意运用,惟'化劲者,即练神还虚,亦谓之洗髓之功夫也'……拳经谓之'拳无拳,意无意,无意之中是真意',是谓化劲。练神还虚,洗髓之工毕矣……练化劲者,与前两步功夫之形式无异,所用之劲不同耳。拳经云'三回九转是一式'……所练时,将手足动作顺其前两步之形式,皆不要用力——并非顽空不用力,周身内外全用真意运用耳。手足动作所用之力,有而若无,实而若虚。腹内之气所用亦不着意,亦非不着意,意在积蓄虚灵之神耳。呼吸似有似无,与丹道功夫阳生至足、采取归炉、封固停息、沐浴之时呼吸相同。因此,似有而无,皆是真息,是一神之妙用也。庄子云'真人之息以踵',即是此意,非闭气也。用工练去,不要间断,练到至虚,身无其身,心无其心,方是形神俱妙,与道合真之境。此时能与太虚同体矣。以后练虚合道,能至寂然不动,感而遂通,无入而不自得,无往而不得其道,无可无不可也。拳经云:'固灵根而动心者,武艺也;养灵根而静心者,修道也。'所以形意拳术与丹道合二为一也"。

又云:"丹道是静中求动,动极复静也;拳术是动中求静,静极而复动也。其初练之似异,以至还虚则同……丹道有三易:练精化气、练气化神、练神还虚;拳术亦有三易:易骨、易筋、洗髓。三易即拳中明劲、暗劲、化劲也。练至'拳无拳,意无意,无意之中是真意',亦与丹道练虚合道相合也。丹道有最初还虚之功,以至虚极静笃之时,下元真阳发动,即速回光返照,凝神入气穴,息息归根。神气未交之时,存神用息,绵绵若存,意兹在兹,此武火之谓也。至神气已交,又当忘息,以致采取归炉,封固停息,沐浴起火,进退升降归根。俟动而复练,练至不动为限,数足满止火,谓之坎离交媾。此为小周天。以至大周天之功夫,无非自无而生有,由微而至著,由小而至大,由虚而积累,皆呼吸火候之变化。文武刚柔,随时消息,此皆是顺中用逆,逆中行顺,用其无过不及,中和之道也。此不过略言丹道之概耳。丹道与拳术并行不悖,固形意拳术,非粗率之武艺。余恐后来练形意拳术之人,只用其后天血气之力,不知有先天真阳之气,故发明形意拳术之道,只此神气二者而已。故此先言丹道之大概,后再论拳术之详情。"

在《拳意述真·练拳经验及三派之精意》一章中,孙先生描述自己练功体验:"余练化劲所经者……以后练至一停式,周身就有发空之景象,真阳亦发动而欲泄。此情形似柳华阳先生所云:复觉真元之意思也。自觉身子一毫亦不敢动,动即要泄矣。心想仍用拳术之法以化之,内中之意,虚灵下沉,注于丹田,下边用虚灵之意提住谷道,内外之意思仍如练拳趟子。一般意注于丹田片时,阳即收缩,萌动者上移于丹田矣。此时周身融合,绵绵不断……以后又如前运用,仍提在丹田,仍是练拳趟子,内外总是一气,缓缓悠悠练习,不敢有一毫之不平稳处。动作练时,内中四肢融融,绵绵虚空,与前站着之景况无异……嗣后亦有动时……以神转息而转之,从尾闾至夹脊,至玉枕,至天顶而下,与静坐功夫相同,下至丹田。……到此方知拳术与丹道是一理也。"

文中明确指出洗髓即丹道之练神还虚,拳道合于丹道,并以自己的练功实践验证了行拳与站桩、静坐有异曲同工之妙,都能练精化气、练气化神、练神还虚,都有洗髓功效。这是非常难能可贵的。

当然,拳术要练至化劲,丹道要达到致虚极、守静笃、通周天,皆非朝夕之功可成,除个别禀赋异常者外,一般都要经过艰苦而又漫长的练习过程,当日积月累到一定程度,自然引动下元真阳发动,从而才有可能达到洗髓或曰还虚境界。

可惜,练武、修道者多如牛毛,而有所成就者凤毛麟角。何也?中庸云:"人莫不饮食也,鲜能知味也。"以练拳而言,"难者,是练者厌拳之形式简单而不良于观,以致半途而废者有之,或是练者恶其道理平常而无有奇妙之法则,自己专好

李医生的易筋洗髓养生操

刚劲之气,身外又务奇异之形,故终身练之不能得着形意拳术中和之道也。因此好高骛远,看理偏僻,所以拳术之道理,得知甚难。道德经云:'吾言甚易知,甚易行,天下莫能知,莫能行。''中庸云:'道不远人,人之为道而远人,不可以为道。'即此意义也"。练拳如此,练功亦然。

曾读过孙剑云老师撰写的文章,谈到孙禄堂先生每日练功都在6至8小时,如此刻苦,又天资聪颖,幸遇多位名师指点,因而精通形意、太极、八卦,由武道步入丹道,成为一代大家,令人钦佩。先生于上世纪30年代仙逝,留有多部名著及许多珍贵的练功照片,从中可以窥知先生之真知灼见和仙风道骨。

笔者曾近距离地观赏过心意拳名家王映海先生80岁时的演示,但见其气定神敛,动作矫健,气势饱满,一招一式,看似轻描淡写,却有排山倒海之势,整个演武大厅似随王老之举手投足而风起云涌,气浪翻腾。由此可知先生内功精湛,气场强大,炉火纯青,已臻化境。然演武结束后,闲谈之时,则一改表演时的英气逼人、不怒而威,而复归于日常生活中的一位慈眉善目、和蔼可亲的长者,完全没有武术大家的架子。练功能易骨、易筋、洗髓,自然也能变化气质,由此可见一斑。

同样出身于形意的薛颠,着有《金刚圭旨法象》《形意拳术讲义》《象形拳法真诠》等传世之作,其书中虽未明确披露易筋、洗髓方法,但薛颠本人曾开诚布公地说:"现今谈武术的人,都拿练精化气、练气化神、洗髓易筋等词汇,逢人便讲,成了口头禅,但你要问他具体练法和步骤,他就张口结舌,答不出了。但我能说清楚。"

薛氏在《形意拳术讲义》中写道:"洗髓者,化劲也。练时,周身运转,起落、进退、伸缩、开合不可用力,将神意蛰藏于祖窍之内,身体圆活无滞,行如流水,其心空空洞洞而养灵根。此谓之三步功夫。"此论与《拳意述真》所载可互相参考。

读其《象形拳法真诠》一书,更可知其所言不虚。如其论桩法之语:"拳术之道,犹宜先练基础,故初学,以桩法为始……练此桩法,先要虚其心,涵养本源,以呼吸之气下贯丹田,而充实其腹,慢慢以神意运动,舒展肢体,使气血循环周身,流通百脉,脏腑清虚,筋络舒畅,骨健髓满,精气充足,而神经敏锐,故谓之养基立本,此桩法慢练增力之妙法也。"其中"脏腑清虚,骨健髓满",即内含洗

第三章 "李易"之预备功法选介

髓之法。

此外,在"锻炼筋骨"一章里写道:"欲求身体健康,首要锻炼筋骨。骨者,生于精气而与筋相连。筋之伸缩则增力,骨之重者则髓满(髓是人之精也)。筋之伸缩,骨之灵活,全系锻炼。头为五(六?)阳之首,尾闾是督脉之门。头宜上顶,尾闾中正则精气透三关入泥丸;背圆胸开,气自沉下归丹田;两臂抱撑,肩窝吐气,开合伸缩,力达指心;象其形,龙蹲,目之精,爪之威;虎坐,摇首怒目,胯坐挺膝腰;腰似车轮转,身有水准线,两足心含虚,抓地如钻钻;两股形似弓,进退要连环,骨灵河车转,筋络伸缩如弓弦,身劲发动若弦满;手出如放箭,运动如抽丝,两手如撕棉;手足挺劲力,叩齿骨自坚。行其意,摇首搅尾闾,动如飞龙升天,践如猛虎出林,纵跳轻灵像猿猴,步伐轻灵如猫行。得此要素,神乎技矣。"

此篇是宝,透露练拳易骨、易筋、生髓的秘诀,指出健康在于筋骨,骨是精气所生,做练精化气的功夫才能骨重,即骨头的密度增大,骨髓饱满。骨髓是精,练精化气的功夫是"头上顶,尾闾中正",头是阳气聚集之处,尾闾是督脉开始的地方,头和尾相对了,精气孕化,会生髓。骨头的硬度是髓滋养出来的。另一个增强骨骼密度的方法是叩齿骨自坚,上下牙齿轻叩,就是坚骨之法。

薛颠用"放箭、抽丝、撕棉"来形容拳劲,说明用的是筋力,而非肌肉纤维之力。

其后又进一步列出了练气的实修大纲:正身法、调息法、修心法,与丹道功夫类同,而洗髓之基础理法亦暗藏其中,希望有心者能熟读之,体验之,自有无穷妙用。

需要稍加提示的是其三步调息中所指的"大周天",是传统丹道中的"小周天"。

以上孙、薛二师,均由武入道,功夫精湛,其洗髓之论,来自实践,足资参考,实难能可贵。而练气功夫,道家尤精,兹录黄元吉真人《乐育堂语录》卷四之24节、25节相关文字,以飨读者。

"天地之所以时行物生万古不敝者,亦以天根月窟妙于来往也……人欲长存乎天地,以历岁月日时之久,不默法天地岁月日时阴阳消长之机,乌乎可?于斯二者而往来之,是之谓伐毛,是之谓反骨,是之谓洗髓,是之谓还丹。伐毛者,真阳之气攻伐毛下之虚邪;反骨者,真阳逆行于骨中,自顶至踵如水泻地,无微不入,一气贯注,遍体之骨节皆灵;阴气消除,通体之骨节皆健,故又谓之换骨;洗髓者,即'空阳'洗涤骨中之阴髓也;还丹者,还其既失之金丹也。丹以药而得名,药以治病,坎中之一阳,乃先天之祖气,即人身之太极(即邵子所谓天根也),此长生之大药也,故谓之丹,以得于乾金,故谓之金丹。人得此气而成形以生,则此丹为与生俱来之物。""人受此气以生,自孩提以至成立,皆赖一阳以滋长,自男女交,而此气遂损矣,旦旦伐之,而此气愈损矣。伐之不已,久之而其气渐微,久之而此水渐涸,坎宫日虚,水冷金寒,地道不能上行,天道不能下济,上乾下坤,此否之象也。天地不交,火曰炎上而不能下,水曰润下而不能上,水火不融,心肾不交,上离下坎,此未济之象也。人身有此二卦之象,生机日危,火病皆作矣。道者知其然也,以先天之神凝而入于先天之气,是天道下济也。孟子曰:'志,气之帅也。'将帅从天而下,卒徒必随而俱下,是以照坤矣,是以火温水矣,是即所谓'金灶初开火'也。灶因火而名金者,指坎中之一阳也,得于乾金者也。火初开者,初得乾阳离火之下照也,是以离之上下二阳暖坎中之上下二阴,以离中之'空阴'养坎中之'空阳',以中女而畜中男也。其所以然者,又何哉?盖阳性主动,动则易泄,惟阴可以畜之。故男之性,见女则悦,得女则留,此小畜皆取以阴畜阳之义也。况前以乾坤一交,乾之中爻入于坤而为坎,坤之中爻入于乾而为离,是夫妇之情投意洽,阴阳互易也。今以离中坤入于乾之阴,下求坎中乾入于坤之阳,是再世重逢之真夫妇也,两情交悦,可以蓄空阳而不使之泄。孤阴不生,独阳不长,有此空阴以养此空阳,一动一静互为其根,乃可以回既损之元气,使潜滋暗长于极阴之地,以冀七日之来复也。此神能炼气之秘机也。世传性命之书,从未有如此透发。"

又曰:"其始也以神炼气,至气之逆而轮转,则坎中之一阳时过而化离中之一阴,化之久,空阴得空阳之照,如月之得日光而明,则离变为乾,内外通明,所谓'至诚之道可以前知'也。离中之二变为一,则诚矣。诚则心愈清,神愈明,所谓'诚精故明'者,此也,此所谓以神化气也。但神炼气,出于无心,气化神,安于无意;炼必凝乎其神,如火之炼夫顽金也,化惟听之于气,如物之化于时雨也。至全体一气相通,翻天倒地,反骨洗髓,阴阳团为一气,五行并为一途也。"

以上，黄真人明确指出了"伐毛反骨洗髓还丹"等的概念、"以神炼气"的秘机及神炼气、气化神的心法火候——无心无意，凝神听气等。如此日积月累，至全体一气相通时，自能返骨洗髓。

综观上文，无论是通过练拳之化劲洗髓还是静坐洗髓，三位大家都强调无意、无心。黄真人还特别指出："世言运气则谬甚。气可养也，而不可运。养当俟其自动，如气自坎生，所谓'源头活水来'。运而迫之使行，则气从离出，无殊火牛入燕垒矣，是与揠苗助长之宋人何以异？知长不可助，而动静亦听其自然，则不至养人者害人矣。"诚至理名言，应引以为戒。

以上虽用较大篇幅引用了三位前辈高人对洗髓的说明，但总觉得意犹未尽，希望读者能进一步阅读学习他们的著作，以加深理解，指导练功。

最后谈谈笔者个人的练功经历和对洗髓的认识。我自1985年考入山东中医药大学后即接触各类传统功法。在大学期间先后习练过易筋经、八段锦、少林内劲一指禅、大雁功前64式、24式太极拳、48式太极拳、导引养生功、五禽戏等功法，但当时只是业余爱好，并没有认真坚持，虽有些气感反应，也改善了体质，但对功法、功理、对生命现象并没有更深刻的认识和更高的追求。在中国中医研究院攻读中医气功专业研究生及工作期间也跟多位老师学习过多种功法，但直到拜郭长宏先生为师以后，才开始步入研修之旅。后来，有幸参加了1996年由郭老师主持的中华修道讲习班和1997年底至1998年初的内丹系列讲座，并遵师命根据录音整理了讲座文字资料。在整理的过程中加深了对内丹的理解，认识到要想真正完成洗髓，必须达到大周天境界方可——师门所谓的大周天，是指周身融通的状态，而非十四经脉循环。这种周身融通的状态，与整个人体成为汪洋一片的大周天饱满状态仍不可同日而语。

自1995年以来，曾多次在练功（经脉疏通法、神气和合法、空元桩、十二法脉周天、易圆璇玑圈等师传内部功法）中、睡眠中，或日常生活中出现气机发动、气液蒸腾、周身融通、浑然如一、恍惚杳冥的类似所谓洗髓之初期状态。每次出现后的几天里，都会感觉骨节轻灵、精力旺盛、身心愉悦及短暂的耳聪目明等反应（笔者是高度近视），可惜这种状态总是不能持而保之，以致练功难有质的突破。因此由衷感叹颜回之"择乎中庸，得一善则拳拳服膺而弗失之"的伟大的同时,也时常反省自己修心的不足,还远未达到"行亦禅,坐亦禅,语默动静体安然"的境界,还需进一步在日常生活中历练。正所谓:"练气易选山林处,练心必在红尘间。"

虽然受过名师指点,读过先贤论著,下过几年工夫,有过一点体验,但自忖实修尚浅,不敢好为人师。之所以纸上涂鸦,原是为了抛砖引玉,希望有真修实练的人士能贡献所长,造福众生。

当然,要想练功有所成就非常不易,借用《金刚圭旨法象》的说法:"非有真传难入其道,非有恒心难达其境,非有天法难遇其机而结天缘也。"但我相信取法乎上,能得其中;心诚求之,虽不中,亦不远矣。有心者,请参考本书所列的观照浴身洗髓法、坐功、桩功、呼吸法等练习,相信只要至诚不息,不难由近似而得真实。

最后,再啰嗦一句,现在有各种短期学习班,说可以在多长时间内让你或帮你打通大、小周天等。我想,只要是头脑清醒之人,都不会轻易相信,希望大家三思。

4. 叩齿鸣神养息法

身法要求:

双目微合,两手握固,舌抵上腭,余同太极桩势。

可以先做几次吐故纳新法,之后练习此功。先以鼻吸气,然后叩齿有声,停息,专心体会观察叩齿所引起的震动及发出的音声对身体的影响。我们的身体,就如气球、如水囊,触及一点则波及全身,如果做到了全身放松,精神集中,可以体会到每次叩齿所引起的震动,便如巨石投入井中,"冲开水底天,波荡久不息"一样,这种震动瞬间传遍周身,且久久不能平息,而叩齿所发出的声音也似空谷回音。体会完后,以鼻呼气,再进行下一次叩齿鸣神养息。共做9次。

《幻真先生服内元气诀》载:"叩齿三十六通,以警身神。"个人体会,叩齿确实可以让人精神振作,头脑清醒,都摄六根,精力集中,而呼吸也随之变得均匀圆润,不急不躁。

此法操作简单,但内含"含眼光,凝耳韵,调鼻息,缄舌气"之所谓"和合四象"的内容。久练自会收视返听,息调心静,心息相依,神凝精充。

另外,中医认为齿为骨之余;形意拳家说,齿为骨之梢,叩齿骨自坚。请在日常生活中多多练习体会。

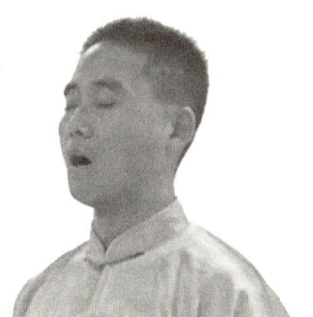 

第四章 李氏易筋洗髓经十二式

本功法的编排以传统的易筋经十二式为基础，以原文口诀和丹道理论为指导，综合各家版本，尤其是毕永升老师版《易筋经》、周潜川先生的《少林派的达摩易筋经十二式》、周稔丰先生的《易筋洗髓经》、周述官先生的《增演易筋洗髓内功图说》等，附会己意，并结合工作教学经验整理而成。本功法定型于2011年，于2012年12月在日本公开出版发行。

第一式 韦驮献杵（献杵礼佛）

1. 名称说明

韦驮，又称韦驮天，是佛教里的守护神。杵，是韦驮所持的武器，又称降魔杵。魔有内魔、外魔之分，泛指人间的各种杂念欲望。

韦驮献杵，是韦驮将降魔杵恭敬地献给佛祖的意思。魔既降伏，杵乃回收，敬献佛祖，虔心礼佛。也意味着练功者外缘已断，可以专心修持了。

2. 练习方法

（1）太极桩势

身法、心法要领同前。

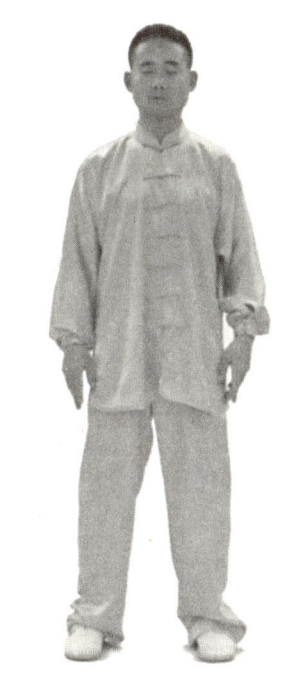

参考：本书之所有参考内容，初练者都可以忽略不读。读之者，亦请仅作参考而已，人体各自不同，反应自然有异。所谓各种气感、功境，皆是梦幻泡影，如露又如电。有，不足喜；无，不足悲。无欲无求，方是应有心态。之所以斟酌再三，书写此项内容，只是为了某种印证，作为某一时、某一处的参考而已。切勿刻意追求模仿，反误了练功正途。

初练者，太极桩势宜多站一些时间，待气机发动后方可进入下一步。练时，以"中脉虚直"为第一要务，外形尽量做到耳与肩对、鼻与脐对，后脑勺与后脚跟齐，使百会穴、会阴穴及两足之间的中点呈一直线，调整中脉周围令处处均衡，使中脉不受丝毫之力。惟此中脉虚直时，寂然不动，静持己身，默化自然，生命原始之机才会自行开启，感而遂通于身，遂通于天地。

如能做到心静体松，站桩后不久即会出现各种反应，初期常见的有手心发麻、发胀、跳动，手掌发胀、变厚、变重，手指自然疏直，指尖鼓胀，似有气体冒出。两手虽分置于身体两侧，但两掌心透过身体互相吸引、排斥等，渐渐地这种感觉会扩展到两前臂。气感逐渐更强,十指似增粗增长,犹如十根气柱直插入地下三尺,两臂如两股水浪,互相推摇,而身体亦随之微微动荡,如立水中。到此阶段,若微微用意,则能感知到自左手心有气涌出,毫无障碍地进入右手心,沿右臂内侧直升至右肩,经右胸至左胸,再至左肩,顺流而下返回左手,完成一个小循环,可连续做几个循环,之后再从右手心至左手心,经左臂、左肩,经胸部至右肩,下右臂,返回右手心,即反方向也做同样次数的循行。

注意,这时的两臂,犹如两条中空的管道,肩部与胸部之间,也似有暗道相通,而气流巡行的路线,并非特指某一经、某一络。

同样,微用意想,气流从左足心弥散至右足心,沿右腿、右腹、右肋、右胸、左胸、左肋、左腹、左腿,下行至左足心,完成一个大循环,连做几次,再反向作意观想。

在此需要强调的是,练功初期,只需顺其自然,绝对不能拔苗助长,随意添加意念,否则意念不当,后患无穷。只有当积精累气到一定程度,如酒至微醺,趁着酒兴借题发挥,开始吟诗作赋一样,到这时才可加上意念,是谓水到渠成,因势利导。"达摩西来无一字,全凭心意用功夫",作意是重要的修炼方法,但不可操之过急,欲速则不达,也不可人云亦云,套用别人的经验。别人的经验,只是参考,知道与否,无关痛痒。只要功夫到了,自然心知肚明。谚云"本固枝荣",儒谓"本立而道生",无论练何种功法,精义莫不本此。虽起初不得妙境,久之自然心领神会,而妙极神明。

以上练功的一些初期现象,可作为气机发动的参考指标。一般而言,年轻力壮、用心专一者气机发动会快些,年老力衰、心浮气躁者会慢些。

(2)双臂前伸

动作说明: 由太极桩势起,双手虎口略撑圆,由腰部发力,食指上挑带动双臂,同时缓缓地由体侧向体前上抬,至与肩平,两臂平行,两掌心劳宫穴相对,十指疏直。

要点: 抬臂时,力由腰发,肩不上抬,腹不前挺,外形除两臂外均保持不动。

参考: 练功有素者,上抬双臂时,十指似光柱从地下破土而出,十指端均似

第四章 李氏易筋洗髓经十二式

栓着一条弹力橡皮筋,抽丝、撕棉般地克服空气阻力上移,至45度角时,阻力最大,此时边上抬两臂,边反向地下坐身体,双臂亦似透过胸背延伸至身后与实际两臂长度呈对称处,如此身体前后左右均衡,稳如泰山。伸直的两臂,如两个长管状的气球,浮于空中,悠悠哉哉,毫无分量,又似两条并列的轨道,伸向无限远方。而两臂内侧、双掌之间,似互相吸引、排斥,麻麻胀胀;似有蛛丝相连,拉拉扯扯。微微用意或不用意,能感知两手臂与胸相连如环,中有暖流往复循行。

体力较好者,可双膝下蹲,行丹命呼吸法,久之丹田充实,下腹温暖。所谓:"心息相依如种火,鹤胎养神抱丹田,炁穴之内有灵药,八卦炉上炼仙丹。"

（3）浑元桩势

此桩被誉为"万桩之首",故详加介绍。

动作说明: 接前,两肘向后、向外撑开,双臂环拱当胸,如抱大气球状。两食指尖相距约二三十厘米,两手与胸部的距离约等同于自己两乳头的间距。两掌心斜对膻中穴。两肘疏开,高度略低于手腕与肩,同时要求做到三圆四平二松,即虎口圆,掌心圆,手背圆;目平,肩平,足平,心平;胸松,会阴松。

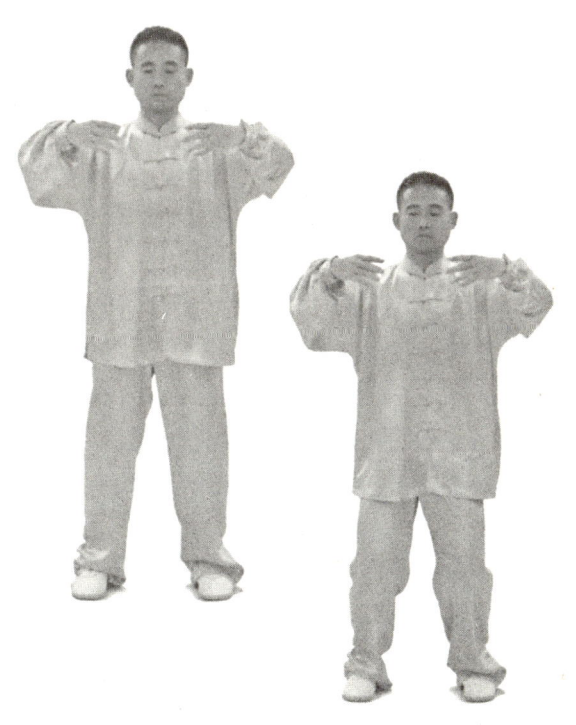

初练时,往往会顾此失彼,难以达标,但只要按照要求,逐步修正、协调动作,随着练习的深入,外形会渐渐符合要求,达到中正安舒、支撑八面的效果。《形意拳术讲义》云:"身外形顺者,无形中自增气力;身内中和者,无形中自生灵炁。"先求形顺,再求心安,增气生慧,自然而然。

笔者曾据师传身法、心法要领作以下浑元桩势导引歌诀:

指虚腕活肘端疏,肩灵背圆腰骶悬。胯松膝暖足腕弹,踵虚泉涌趾劲坚。
趾劲泉涌踵虚踏,踝弹膝暖裆内含。腹和胸含慈容面,顶轻颈柔背环圆。
肩灵肘疏腕松活,指虚神满身息安。处处温通气氤氲,节节贯串形浑元。
好似青松挺拔立,仿佛星空浩寂闲。无视无听抱神静,如恍如惚信真显。
中脉虚直贯天地,化通自然返本源。

即头颈竖直,肩肘舒松,屈膝坐胯,足趾踏地,足心内含,全身上下自然舒适,以中脉虚直为第一要旨。静静调整身体结构,使周身处处均衡。调整好后,保持浑元桩势,微微用意,调整筋骨气势。之后,以身观身。先默默观照全身,接下来依次观照虚指、腕活、肘端疏、肩灵、背圆、腰活、胯松、膝暖、足腕弹、踵虚、泉涌、趾劲;复上行,足腕弹、膝暖、裆内含、腹和、胸含、面慈、顶轻、颈柔、背环圆、肩灵、肘疏、腕活、指虚、身和、神足。此为一周循环。默守全身,调整虚直中脉,化通自然。

然后,再做第二次如上观想,默守全身,处处融通,清净柔和。如此,观想三次。

要点: 观照时宜微微用意,不要执意于某一处,只要有照顾一下的心意即可。此"心意微微"之火候,即可融贯一身。

默诵:无视无听,抱神以静,形将自正;

谨守:虚直中脉,化通自然;

呼吸:呼吸自然,息息归根;

意境:如青松般挺拔,如星空般清静,如春雨绵绵,沐浴我身。

参考:《素问·上古天真论第一》云:"黄帝曰:余闻上古有真人者,提挈天地,把握阴阳,呼吸精气,独立守神,肌肉若一,故能寿敝天地,无有终时,此其道生。中古之时,有至人者,淳德全道,和于阴阳,调于四时,去世离俗,积精全神,游行天地之间,视听八达之外,此盖益其寿命而强者也,亦归于真人。其次有圣人者,处天地之和,从八风之理,适嗜欲于世俗之间,无恚嗔之心,行不欲离于世,被服章,举不欲观于俗,外不劳形于事,内无思想之患,以恬愉为务,以自得为功,形体不敝,精神不散,亦可以百数。其次有贤人者,法则天地,象似日月,辨列星辰,逆从阴阳,分别四时,将从上古合同于道,亦可使益寿而有极时。"

上文举出真人、至人、圣人、贤人各自的境界及其养生方法,启示我们应注意养生以祛病延年。如能熟读成诵,并用于指导日常生活,必会受益。其中"提挈天地,把握阴阳,呼吸精气,独立守神,肌肉若一"等句,既有天人合一的思想,又包含了中医养生学调心、调息、调形——三调合一的概念,为广大传统养生家所重视。

《黄帝内经·素问》是中医经典,而开篇之《上古天真论》及次篇之《四气调神大论》等,均不厌其烦地强调养生的法则及其重要性等,可见中医对养生的重视。可惜人们"有病方知身是苦,健时多向乱中忙",或曰"医生不养生"。很多人虽明养生之理,但不能笃行之,终究难以为己所用。而很多修炼者,或苦于难遇明师,不得正法,或苦于虽得口诀,却无条件静修,而抱憾终生。兹摘录张紫阳祖师《悟真篇》中诗一首,与各位共勉。

不求大道出迷途,纵负贤才岂丈夫。
百岁光阴石火烁,一生身世水泡浮。
只贪名利求荣显,不觉形容暗瘁枯。
试问堆金等山岳,无常买得不来无。

(4) 空元桩势

动作说明: 接浑元桩势。双臂缓缓内旋,两掌心由对着膻中穴转为朝向双足底之涌泉穴,虎口撑圆,拇指伸直,食指、中指、无名指、小指均疏直张开呈瓦楞状,余同浑元桩势。

要点: 双臂内旋动作宜慢,保持气感不丢,所谓"带气行功"。手臂如搅动蜂蜜般，外周似有一种黏黏糊糊的空气摩擦力，内有膨胀鼓荡流通感。

参考：有诸内必形诸外。同样，外形动作亦可引动内气。动作外形变了，气感、气势、气行等自然随之变化。此势掌心斜向下，可促进气机下降，有利于气沉丹田，平心静气，从而进一步达到积精累气，使丹田精满，五脏气盈，气足而后神旺。

学者要用心体会动作之起承转合，于细微之处不可随便，如此专心致志地练习，就会捕捉到平时没有留意到的很多微妙感觉，如此集腋成裘，积沙成丘，日有所得，量变引发质变，而渐达阴阳调和、身心俱安之健康状态。

（5）双凤朝阳

动作说明：接空元桩势。示图见右页。两肘弧形向内、向下移动至距离身体约10厘米处，肘尖斜向下，上臂与前臂约呈90度角，两掌相对，距离约同肩宽，中指尖的高度在口鼻之间，两拇指与胸部的距离约等同于两乳头的间距。

要点：移动双肘时力由脊发，肘合于外，而气聚于中，体会两肩胛骨之间、胸椎内部有一长条状麻酥感区域，或上连后脑头顶，或下达尾闾会阴。动作定型后，调整放松身心，体会气感变化。

参考：初练时两手如抱持一充满空气的气球，气球壁薄，两手用力过大则恐爆裂，用力过小则恐脱手而飞，须小心翼翼，用心呵护。稍微熟练后，则会感觉气感明显，两掌如捧一轮红日，温暖光明。

第四章 李氏易筋洗髓经十二式

（6）献杵礼佛

动作说明：接双凤朝阳。示图见下页。两臂缓缓内移，至两掌相距约10厘米处，稍停，此时，两手似夹持一根竖立着的降魔杵。片刻后，两手"持杵"上举至两臂伸直，两上臂似夹持双耳，同时两足跟离地，静止三息以上后，两掌相合，足跟落地。

要点：两臂上举时，体会力由脊发，渐传导至肩，至肘，至腕，至十指尖，至虚空；足跟上抬时，体会力起于足，发于腿，主宰于腰，形于手指；竖立着的降魔杵似贯穿于身体正中，随手势、身势而上移。注意，只是微微用意，不可执着，尤其是初学者只要用意一处即可，无需贪多，旨在养成形意合一的练功习惯。练功不是散漫无心地随便活动手脚。再强调一句，练功之时，自始至终，都应保持恭敬之心、虔诚之意。内静而敬，外和而恭，如此才能全身心投入，才能融化精气神，才能心有所感，感而遂通于身，遂通于天地。此势名"献杵礼佛"，其意在此。

静止时，上半身保持向上伸展之势，而下半身在保持向上伸展的同时略有下沉之意。勿挺胸后仰，宜收腹含胸。

年老体弱平衡能力较差者，足跟不要离地，以免跌倒。

参考：此势静止片刻后，会有心旷神怡之感，恰如苏轼之名句："浩浩乎如冯虚御风，而不知其所止；飘飘乎如遗世独立，羽化而登仙。"据说此句深为杨氏太极拳的第三代宗师杨澄甫先生所欣赏。想必杨先生行拳时，也会有此意境吧。艺术是相通的，无论文艺还是武艺。

李医生的易筋洗髓养生操

（7）浴身洗髓

动作说明： 两掌缓缓下移，至距头顶百会穴5厘米处静止片刻，两掌水平前移至拇指距鼻尖约5厘米时垂直下行，当掌心之劳宫穴经过印堂、咽喉、膻中、中脘、下丹田、会阴、涌泉（站立状态，手不能达于涌泉穴，用意念即可）等穴窍处时，均停止三息以上。在膻中穴以上位置时，食指基本竖直，至中脘穴时，食指向外倾斜15度角至30度角，到达下丹田时，食指向下倾斜约30度。两手从小指起渐次分离，两掌心斜对下腹，十指疏直，两拇指距身体约10厘米，两食指间距亦约10厘米。静止三息以上后，两手垂直下移至会阴前，复静止三息以

第四章 李氏易筋洗髓经十二式

上后,两手沿两腿下行至两臂伸直为止。意念导气经腿下行至涌泉穴,至地下三尺。

要点:"李易"十二式中的观照、浴身、洗髓,要配合两掌来做。两掌如手电筒一样,从头到脚照射扫描一遍,且在关键穴窍定位聚焦,仔细观照,以加强效果。

诗曰:精神宜集中,目照手相送。须于静里行,从容得真功。

参考:静静地聚神观照、冥想百会、印堂、咽喉、膻中、中脘、下丹田、会阴、涌泉等各穴窍的反应,为参考起见,兹列部分常见反应如下:

李医生的易筋洗髓养生操

观照百会：观照日久，百会穴处可出现跳动，似有气旋入，或有清凉感，如甘露灌顶，头脑清醒，神清气爽。

观照印堂：起初微胀，发紧，继而闭目时亦觉眼前有光等。

观照咽喉：咽喉上有廉泉穴，观照此处，初觉清凉，继则温润，脖颈松空融通等。

观照膻中：渐觉心广体胖，虚怀若谷，坦荡荡有君子之风，浩浩然一身正气。胸部属中医"上焦"，"上焦开发，宣五谷味，熏肤充身泽毛，若雾露之溉，是谓气"。"上焦如雾"，是其真实描述。

观照中脘：中脘穴属中医"中焦"范畴，"中焦如沤"。中脘内部，像个蒸笼，气液弥漫，运化水谷，受气取汁，灌溉四旁。

观照下丹田："下焦如渎"。小腹两旁，似有两条小溪，涓涓细流，不舍昼夜。丹田为气之海，"腹内松净气腾然"。腹内温暖，则生机盎然，精力旺盛，气定神闲。

观照会阴：局部会有酥麻胀痒跳动感，心生喜乐。

观照涌泉：足底似有泉涌动，两足如立水中。身体似受到水流冲击而轻摇缓摆，怡然自得。

观照完局部后，继而观照全身气血和畅通融，神气氤氲弥漫的状态。

古语曰：人心惟危，道心惟微。思之思之再思之，鬼神将通之。

李氏曰：存神以观照，日久自生情。无中孕妙有，融化神气精。

注：窍是身体内外能量交流的通道。口、鼻、耳及经络中气血生化流运的集结点为穴窍，身中烹炼精气的区域为内窍，即丹田。而关窍则是指真气生发氤氲的特殊窍位。与天地自然互相沟通能量的为外关窍，一般多在经脉的穴位上，而在身内起生发生命真元之枢机作用的为内关窍。练功应该首先开关展窍，不同阶段闯开不同的窍。练功修行者若不明关窍，则如盲人骑瞎马，很难走入正途而获得成就。

（8）太极桩势（同前）

3. 口诀

口诀既是练功指南,又展示功中内景,也是检验练功正确与否的指标。

默诵口诀,便如聆听古代先贤耳提面命。

口诀诚是良师益友,内有密意,当反复琢磨,仔细体会。

　　立身期正直,环拱手当胸。
　　气定神皆敛,心澄貌亦恭。

4. 小结

有道是,好的开始意味着成功了一半。"李易"十二式之第一式,开门见山,入手即着重激发有"气之门户"之称的劳宫穴和有"气海"之称的膻中穴,使气血周流顺畅,"气遍身躯不稍滞",充满生机。起势即注重桩功练习,在气定神敛、心澄貌恭的状态下坚持站桩,能很好地蓄气、养气、练精化气、易筋、洗髓。只有打好了下盘基础,才能根深柢固,有利于以后的练功。

第二式 韦驮献杵（横担降魔杵）

1. 名称说明（同前）

2. 练习方法

（1）太极桩势（同前）

（2）臂侧平举

掌心向下

掌心向前

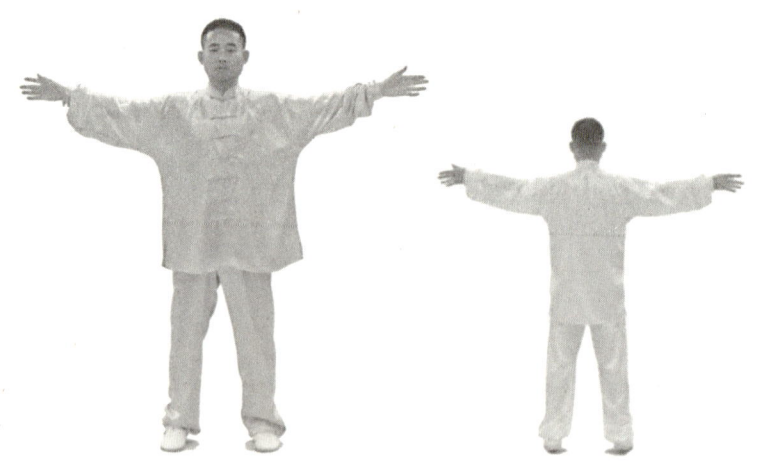

第四章 李氏易筋洗髓经十二式

掌心向上

掌心向后

立掌掌心向外

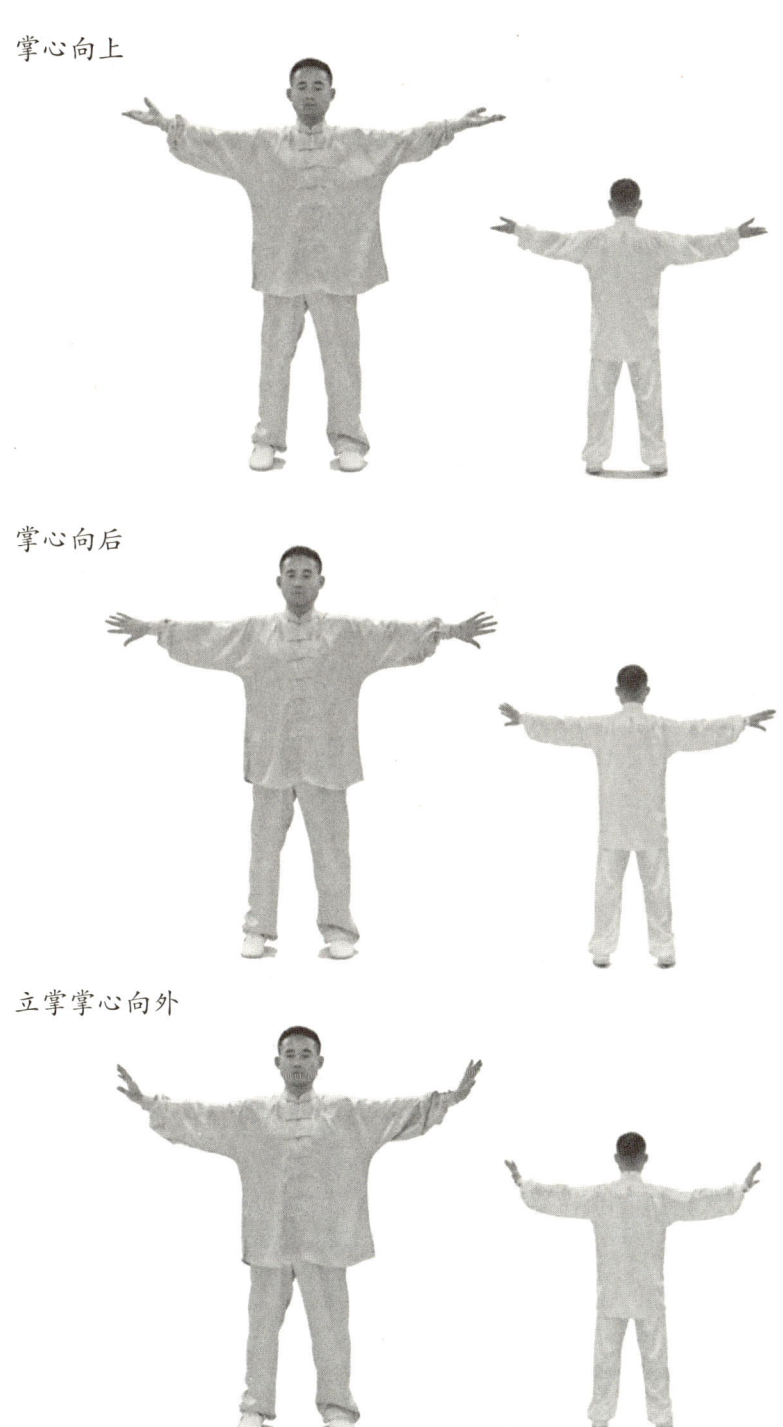

李医生的易筋洗髓养生操

动作说明：由太极桩势起，双臂同时缓缓地由体侧向上飘起，至与肩平。先掌心朝下，意想两臂自脊柱经肩关节、肘关节、腕关节、各指间关节、指尖，向左右无限伸展；平衡能力好者，可以抬起足跟，十趾抓地，保持中脉虚直。动作到位后，调整呼吸和意念。初练者，于呼气时用意向左右伸展双臂，吸气时两臂略回收，反复练习。稍微熟练后，呼气时两臂仍向两侧伸展，吸气时保持动作不变，第二次呼气时在第一次的基础上进一步向两侧伸展，如此层层用意加力，反复练习。接下来无论呼气还是吸气，两臂均向左右无限伸展，并意想吸气时，自然界清新之气经鼻及全身毛孔汇聚于脐下丹田，呼气时气由丹田弥漫布散至全身内外，尤其是两臂及两足。逐渐延长时间，如果能轻松做到10分钟以上，则一般的肩酸背痛等症状便会不翼而飞，且姿势端正，腿脚轻健有力。

此势还可变化为掌心向前、向上、向后、反转手臂使掌心向上及坐腕、立掌、掌心向外练习。掌心向外时，意念：呼气时两掌如欲推倒两堵墙壁。

易筋经中此势又名横担降魔杵，其他功法中亦有称之为扁担功、一字功、通臂功、通背功者，或言形象，或言功用，足见其功效显著，因而为多家门派所重视。

要点：足跟离地与两臂上抬的动作应同时起、同时止，意念集中于掌指和足趾，这样有助于保持身体平衡，重心稳定。动作到位后，意念身体的正中线与两臂构成一个十字架，且横向、纵向均无限伸展。练功者顶天立地，有"天上地下，唯我独尊"之气概，有乘虚御风、飘然欲仙之逸兴。

参考：（1）"手三阴经胸走手，手三阳经手走头，足三阳经头走足，足三阴经足胸走"。这四句话说明了十二经脉的循行交接规律。十二经脉均以手足为起止点，因此刺激手足，可以激发经气，疏通经络。此势法简效宏，立竿见影，值得优先选练。

（2）如能把握好要点练习，可以很快产生浑然一体、肌肉若一的感觉。

（3）"筋长一寸，力增十分"，通过抻筋拔骨，使身体变得松柔强韧，协调一致，不仅力气大长，且反应灵敏，不易受伤。

（3）浴身洗髓

臂侧平举，两掌反转向上，两臂上举，自然伸直，合掌于头部上方，之后做浴身洗髓，动作同前。

（4）太极桩势（同前）

3. 口诀

十趾抓地，两手平开。心平气静，目瞪口呆。

看到目瞪口呆四字，自然会联想起《庄子》的一段话："望之似木鸡矣，其德全矣。异鸡无敢应者，反走矣。"练功如果能达到如痴似醉、精神安定专一、不乱不惊的境地，便会得功中三昧，便会呆若木鸡，便会理解目瞪口呆的妙趣了。当然能有"敌军围困万千重，我自岿然不动"的从容坦然，能有"宠辱不惊，看庭前花开花落"的气定神闲，又何必在意口目之外形呢？

4. 小结

第一式通过练精蓄气以充实下丹田，此势通过起脚挂趾，两手平开，重点引气至中丹田再至两手、至全身。中丹田气足了，心气自然得养而平和，更会进一步有条件滋养上丹田之神了。此式引下、至中、接上，与第三式密切相关。

第三式　韦驮献杵（掌托天门）

1. 名称说明（同前）

2. 练习方法

（1）太极桩势（同前）

（2）举臂观天

动作说明：两臂自体侧同时向前、向上抬起，至超过肩部的高度时，继续向两侧尽情舒展，同时足趾离地，上半身后仰，目视苍穹。

要点：一动无有不动，一静无有不静，手、足、头、身之外形动作协调一致，四肢百骸内部意气连绵不断。一招一式练的都是整体，神态意念要照顾到周身。

参考：练功之意境心法：我在天地之间。敞开胸怀，拥抱自然；放松身心，融入自然；我即自然，自然即我；物我同源，天人一体。

（3）两臂上举

动作说明：接举臂观天，足趾落地，上身恢复正直，二目转为平视，两臂夹耳直上举，掌心相对。

要点：保持中脉虚直，腹部不要前突。

参考：两手："刺破青天锷未残"；两足："高高山顶立，深深海底行"。

（4）三峰并立

动作说明：接两臂上举，两肘下落，至上臂与前臂约呈 90 度角时，静止。此时，上臂约与肩同高，两掌心相对，两掌间距约同肩宽。

要点：注意体会两臂下落引动气血下流的动态过程及神气变化。一般而言，臂高举则气易浮，臂下落则气易沉。举手投足都各有相应的气血变化，只是若神不内敛则浑然不觉。"我等日用而不知，只因不是有心人"。

参考：两手对峙，相吸相拒，再加头部，呈三峰并立之势。站立稍久，相感而应，恍惚之间，三者合一。"酒不醉人人自醉，人不练功功自练"。

（5）掌托天门

动作说明：（1）仰天势，又名托外天门。接上势，两肘继续下落至掌根与喉结同高时，两手向中间靠拢至间隔约15厘米处，静止片刻。之后两掌心斜向上推出，如托重物，至两臂完全伸直为止，

同时，两足跟抬起，头部与上身后仰，双目观天，舌抵上腭，咬紧上下牙齿，动作到位后，静止三息以上，调节身心，舒适为安。

（2）平视势，又名托内天门。接仰天势，头部收回，二目平视，两足跟尽力抬高，顺势提气由足跟至腿、至臀、至腰、至背、至肩、至臂、至两掌，双臂尽力伸直，双掌尽量上托，掌心向上，动作完成后静止三息以上。

要点：（1）咬紧上下牙齿，但面部表情肌和咀嚼肌勿作紧张状，保持面慈容祥。

（2）初练时以自然呼吸为主，熟练后可采用涌泉逆腹式呼吸法，即吸气时

意念气自脚底涌泉穴注入，由下向上直达双掌，同时提肛收腹；呼气时，仍意注两掌，同时鼓腹。也可行闭息法练习。

此势熟练后，周身柔韧协调，浑然一体，用意紧则坚如金石，用意松则柔若无骨。

年老体弱者，平衡能力差者，患有严重颈椎病、高血压病者，慎练此势，或是在有经验的老师指导下酌情练习。

参考：韦驮献杵第三式又名掌托天门。关于此式练习时是仰面朝天还是二目平视，历来有争论。本人认为通行的易筋经十二式的十二张图谱，只是易筋经每一式最精华最核心的内容，而并非全貌。每一式之间的连接，每一动作

的起承转合等详细内容均不见记载。各门各派因传承不同,理解各异,从而有了各种不同版本的易筋经,这是很自然的事情。至于孰优孰劣,则仁者见仁,智者见智。有道是:"法无高下,应机则宜;药无贵贱,中病则良。"适合自己的便是好的,而无需争输赢、论高低,徒费口舌,于事无补。

那么究竟怎样练习为好呢?笔者认为还是应该尊重原本口诀的练法。

此势原口诀里第一句即明明白白地说,"掌托天门目上观",并未特别指明说是"内视"。有人说口诀第二句里有"足尖着地"四字,认为足尖着地时两目上观会导致心意上越,神失所依,站立不稳等等,似言之有理,实则不然。多年的教学实践表明,年轻力壮者,只要有一点桩功基础,稍加练习即可把握平衡,能在"足尖着地"的情况下稳稳地练习"掌托天门目上观"。即便年老体弱者,只要按部就班,踏踏实实练习了韦驮献杵第一式、第二式及三圆四部功之下肢部功法,练习几次后也不难做到这一点。当然为学员安全起见,笔者在教学时并不要求、不提倡高龄体弱者练习仰天势。

至于仰天势与平视势功效有何区别,我想练练就知道了。可以提示的是,仰天势对于夹脊、玉枕的调整及对于任督二脉经气循行的促进作用是平视势所不能代替的,而这两势(配合足跟起落和颈部俯仰)恰好是一个完整功势的不可分割的两个部分,因而我将两势一并编入。

(6)承日月光

动作说明:接上,足跟缓缓落地,两臂旋转向外分开,两掌心遥遥相对,似承日月之光。两目平视,视而不见,或轻合双目,意注两掌。

要点:动作定型后,再次充分放松身心,意想身体空空如也,日月皓皓之光,天地精华之气,通过劳宫穴、百会穴、周身皮肤,灌注体内。

参考：常言道：天有三宝日月星，人有三宝精气神。

没有梧桐树，引不来金凤凰。

李氏曰："天人本相应，物我原无违。人能常清静，天地悉皆归。"

若能放松其身，虚静其心，则天地日月精华自能清凉入体，沐浴身心。

（7）掌照百会

动作说明：接上，两掌向头顶移动，定式时，两拇指距头顶约20厘米，两拇指间隔15至20厘米，两肘弯曲，两掌心斜照百会穴。

要点：意念劳宫穴向百会穴注气。

参考：劳宫、百会是大穴、要穴，二者均纳于"李氏养生十二心"。所谓"李氏养生十二心"，包括了顶心百会（穴），底心会阴（穴），左右手心劳宫（穴），左右足心涌泉（穴），前心膻中（穴），后心夹脊（穴），脐心神阙（穴），腰心命门（穴），眉心印堂（穴），喉心廉泉（穴）。随功夫进步，此"十二心"会逐渐显现，似有规律地进行开合呼吸。能明此"十二心"，功夫堪称入门。初学者可先注意体会脐心、手心和足心，若五心齐开，

则易进入恍惚杳冥之境。具体方法可参考听心脐肤法。当然任何一部功法只要认真练习，都会让此"十二心"逐渐变得敏感，从而提高练功效率，加深对人体生命的认识。为方便记忆，乃作《李氏养生十二心歌》，曰：

顶底眉喉任督运，手足命脐前后寻。

抱卵养珠静意守，阳生气至体长春。

第四章 李氏易筋洗髓经十二式

（8）握拳归胁

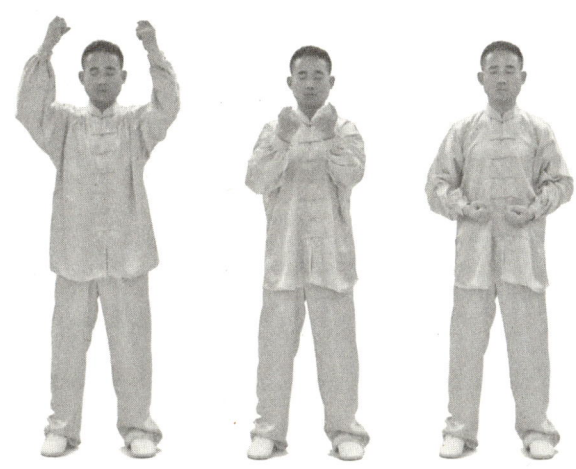

动作说明：接上，两手自小指至食指依次握于掌心，拇指顺势按压于食指和中指的第二指节上，拳心朝向百会穴。接着两肘弧形内扣，至拳心斜对额头时，两手如握强力弹簧之一端般缓慢而均匀地下拉至胁下、脐旁，拳心向上。两臂如夹持重物，但肌肉并不紧张，只是作意而已。

要点：（1）作意的要诀是勿忘勿助，既不要因无心而失去意念，也不要因有意而加强意念，所谓"若有意，若无意，无意之中是真意"。

（2）"李易"中提到的拳，除非特意说明，都是空拳。若握实了，则肌肉僵硬，气血失畅，失于灵敏，不利长劲。

参考：太极拳谚曰，"运劲如抽丝""蓄劲如开弓，发劲如放箭""气以直养而无害，劲以曲蓄而有余"。有关"劲"字，在前文《洗髓小议》里提到过明劲、暗劲、化劲，并对化劲做了解释，在此，再做一补充说明。

薛颠认为，明劲的练法为：动转和顺，起落整齐，方者正其中。方正其中，是达到高度平衡之意。明劲并不是一味刚猛，而是追求练拳时的平衡感。

暗劲的练法为：充实丹田，使身体坚如金石，神气舒展，动作圆通，圆者以应外。暗劲阶段，丹田会发生作用，练精化气。孙禄堂提到的"动物"经验即发生在暗劲阶段。暗劲令肌肉坚实。暗劲是协调性，要"活活泼泼不可滞"。动作可以不规范，在周身协调的基础上，以随意的动作来提高自己的机动能力。

化劲的练法为：动作不可着力，专以神意运用，勿忘勿助，一气贯通而已。三回九转是一式，即此意也。

孙禄堂·《拳意述真》云："易骨者，是拳中之明劲，练精化气之道也。将人身中散乱之气，收纳于丹田之内，不偏不倚，和而不流，用九要之规模锻练，练至于六阳纯全，刚健之至，即拳中上下相连，手足相顾，内外如一。至此，拳中明劲之功尽，易骨之劲全，练精化气之功亦毕矣。暗劲者，拳中之柔劲也（柔劲与软不同，软中无力，柔非无力也），即练气化神、易筋之道也。先练明劲，而后练暗劲……拳中所用之劲，是将形气神（神即意也）合住，两手往后用力拉回（内中有缩力），其意如拔钢丝。两手前后用劲：左手往前推，右手往回拉；或右手往前推，左手往回拉，其意如撕棉。又如两手拉硬弓，要用力徐徐拉开之意：两手或右手往外翻横，左手往里裹劲；或左手往外翻横，右手往里裹劲……"

其中提到的如拔钢丝、如撕丝棉、如两手拉硬弓等所谓柔劲、暗劲，即"李易"之用劲。此用劲之方法，贯穿于"李易"之始终，请读者细心揣摩上文，自会受益良多。

（9）对挤肩胛

动作说明：接上，两拳保持不动，双肘尽力向身后合拢，同时配合挺胸拔颈，以对挤两肩胛骨内侧，动作到位后，静止5秒，之后恢复原位，如此重复3次以上。

要点：对挤肩胛时，意念以脊柱为中线，躯干左右两部向后对折，之后保持一定紧张度，似微微颤抖状。动作熟练后，还可配合呼吸。如：吸气时足趾抓地、提肛、收腹；呼气时恢复原先状态。

参考：（1）肩胛骨左右各一，连接上肢与躯干，其周围有很多重要穴位。

临床上有许多疾病，药不可及，针不能达，外科手术亦难以操作或无法施行，当此之时，与其坐以待毙，不如在原有治疗的基础上适当采用导引、按摩以及观照、浴身、洗髓等方法，一则"培养正气，扶正祛邪"，二则"以意导气，意到

气到,气至病所,攻邪外出"。临床实践表明,如能合理练习,部分患者可以在某种程度上缓解病痛,提高生活质量,个别患者甚至完全康复。

(2)此势练习熟练后,可以在保持功架的前提下,于行住坐卧之中,常常意守夹脊,行持夹脊呼吸法。

"李易"之夹脊穴定位:在背上部,后正中线上,当第4与第5胸椎棘突之间的凹陷处,即前述"李氏练功十二心"之后心,其旁开3寸处为膏肓穴,左右各一。

传统养生家认为:此穴上通百会,下通尾闾,中透心肾,外可摄纳天地灵阳之气,内能救护一身立命之宝,于此处作功夫,称之为"添油接命法",对于祛病健身有较好疗效。具体练法如下:

吸气时,意想天地正气进入夹脊穴里并向周围鼓涨扩散;稍停,呼气,意想所吸入之气进入膻中穴里,氤氲弥漫,一片融融气象。静息片刻后,复行第二次呼吸。反复练习,以九的倍数递加,初练者不要超过81次。

常习此法,能凝元神,成胎息,化凡息,开关展窍,益气生精。养生家朗然子诗曰:

> 夹脊双关透顶门,修行径路此为尊。
> 华池神水频吞咽,紫府元君朝上奔。
> 常使气充关节透,自然精满谷神存。
> 几时学得长生路,须感当初指教人。

(3)有关传统功法疗疾,历代论述颇多,兹附唐·司马承祯之《修真精义杂论·疗病论》,以资参考。

《修真精义杂论·疗病论》
唐·司马承祯

夫气之为功也,广矣妙矣。故天气下降,则寒暑有四时之变;地气上腾,则风云有八方之异。兼二仪而为一体者,总形气于其人。是能存之于家,则神灵俨然；用之于禁，则功效著矣。况以我之心，使我之气，适我之体，攻我之疾，何往而不愈焉？习服闲居，使诸有疾痛，皆可按而疗之。

凡欲疗疾，皆可以日出后，天气和静，面向日，在室中亦向日，存为之。平坐，瞑目，握固，叩齿九通，存日赤辉紫芒，乃长引吸而咽之，存入所患之脏腑。

若非脏腑之疾，是谓肢体筋骨者，亦宜先存入所主之脏腑也。闭极又引，凡得九咽，更觉脏中有气，乃存其气，攻于所苦之处。闭极，微微吐气，其息稍定，更咽而攻之，觉疾处温暖出汗为佳。

若在四肢，应可导引者，则先导引其处，已后攻之。纵是体上，亦宜按捻，令其气通。

若在头中，当散发，梳头皮数百下，左右摇头数十过，乃吸气，讫，以两手指于顶上急攀之，以头向上力拒之，仍存气向上入脑，于顶发诸孔冲出散去，一极讫，放手通气，更为之，以觉头颈汗出、痛处宽畅为候。

若病在脏腑者，仰卧吸引，存入其处，得五六咽，则一度闭息攻之，皆以意消息其病。

或是久来痼疾，并有癥块坚积者，则非气所能愈，终亦稍觉宽平也，兼药同疗亦无所妨，乃于药性易效耳。

虽用气攻病，虽攻其处肤腠散出，然兼依《明堂图》取其所疗之穴，而相引去尤佳。既知其穴，宜依十二月，各用其律管，急按穴上，想而出之。则心存有所主，气行有所适矣。

(10) 贯气涌泉

动作说明：接上，两肘由身后水平前移至与腋中线齐，十指由握拳状态从小指起依次放松伸直，两前臂内旋，掌心由向上转为斜向下，定式时，两掌位于腹前约10厘米处，两拇指间隔约10厘米，与脐同高，虎口撑开，其余四指疏直，呈瓦棱状。如此静止三息后，两掌缓缓下压，至会阴处时略

停留,继而两手稍向左右外移,沿大腿前下压,至两臂伸直,而余势未减。意念两手如在腿内,向下推至涌泉穴,入地三尺。

要点:两掌心翻转向下时,只是前臂内旋,而保持肘部原位不动,以固定外形、身架、气势,维持气血周流无碍。

参考:(1)太极拳十三式歌诀曰:"处处存心揆用意,得来不觉费工夫。"强调练拳、练功中用意的重要性。此势名"贯气涌泉",下压时,意想:两掌如注射器之活塞,而两腿则如针筒,里面盛有温水,随两手之下推,温水自然被挤压灌注至足底涌泉穴,温热感充满整个下肢。

(2)两掌翻转向下的动作看似无奇,实则有旋转乾坤之妙。在人体八卦里,头为乾,腹为坤。旋转乾坤,即任督循环——有前升后降者,亦有后升前降者,一般多归于意通周天,而非丹道周天。练功有素者,精满气足,用意即有,不难体会。练功者,应该"只管耕耘,不问收获,水到渠成,瓜熟蒂落,自然而然,能得善果"。

(3)俗话说,人老腿先老;道家说,精从足底生。此乃养生至理。

《黄帝内经·灵枢·天年第五十四》云:"人生十岁,五脏始定,血气已通,其气在下,故好走。二十岁,血气始盛,肌肉方长,故好趋。三十岁,五脏大定,肌肉坚固,血脉盛满,故好步。四十岁,五脏六腑、十二经脉,皆大盛以平定,腠理始疏,荣华颓落,发颇斑白,平盛不摇,故好坐。五十岁,肝气始衰,肝叶始薄,胆汁始灭,目始不明。六十岁,心气始衰,苦忧悲,血气懈堕,故好卧……"说明人的健康长寿,与双腿、双足有密切的关系。

南怀瑾先生在《静坐修道与长生不老》一书中写道:"修习静坐功夫,如果气机没有到达两腿、双足而畅通四肢的神经末梢,等于一株枝叶枯落的枯木,虽然干身尚未朽腐,那也是'不亡以待尽'而已,毕竟未能恢复生机。如果两腿、双足的气脉轮转畅通以后,腰杆自然挺直,臀部肌肉收放有力,走起路来,脚踏实地,犹如凌虚空步,甚至足底踏触的大地,犹如软褥重茵,像似海绵一样的感受。假如又兼习武术练功夫的人,到此自觉身轻如叶,整个四体只有一具微细轻灵骨架存在的感觉,只须用一只脚的大拇指,即可立地如钉,自然挺立不倦。"又说:"倘使功夫没有到达腿部发生妙乐、暖软、轻灵的境象,便自认为已通任督二脉,那便是自欺之谈,误人不浅。"

（4）实验数据表明，人到70岁时，上肢力量仍能达到盛壮期的百分之七十，而下肢则不足百分之五十。在步入高龄化社会的当下，有多少卧床不起者，又有多少依靠轮椅生活者？下肢锻炼的重要性，不言自明。

站桩、三圆四部功之下肢部功、贯气涌泉及后面要介绍的倒拽九牛尾、三盘落地、青龙探爪、饿虎扑食等都是锻炼下肢的优秀方法，请选择练习。

（11）太极桩势（同前）

（12）浴身洗髓

两臂自体测抬起，至与肩同高时，两手反转手心向上，继续上抬，于头顶正上方合掌，做浴身洗髓，动作同前。

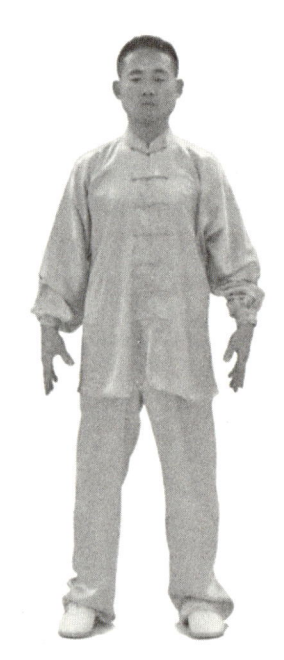

（13）太极桩势（同前）

3. 口诀

掌托天门目上观，足尖着地立身端。
力周腿胁浑如柱，咬紧牙关不放宽。
舌可生津将腭抵，鼻能调息觉心安。
两拳缓缓收脐处，用意还将挟重看。

4. 小结

此式在前两式练精、练气的基础上，进一步持气充周，沟通天地，气足后继而练养上丹田之神。

此式与八段锦之两手托天理三焦式有异曲同工之妙。

以上三式，合称韦驮三献杵，是"李易"之基础，必须多练久练，当练至精满、气盈、神旺、意定、劲整后，方可接练下式，不可贪多冒进，浅尝辄止。功夫只有练到身上了，才是自己的。如基础不牢，便如地基不固之大厦有倾覆之危，切记。因此，静下心来，耐住性子，花几个月时间踏踏实实练好这三式，之后的练习便会顺风顺水，厚积薄发了。

第四式　摘星换斗

1. 名称说明

星、斗二字,广义泛指九天星辰;狭义则均属二十八宿之列。其中星宿有七,斗宿有六,七为阳数,六为阴数。摘星换斗,字面意思即摘取星星,与斗交换,其功法隐义则是阴阳沟通转换,即通过调整身体外形左右、上下、虚实之变化,以达到内部精神、气血、阴阳之充实、平和。

2. 练习方法

以左式为例。

（1）太极桩势（同前）

（2）按掌蓄气

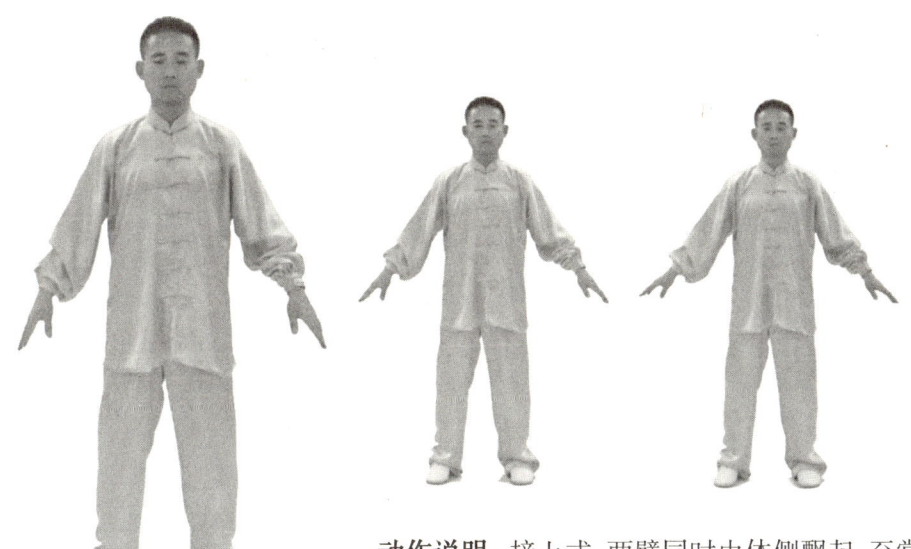

动作说明：接上式,两臂同时由体侧飘起,至掌根约与股关节同高时,稍停,此时肘与手腕、手背、手指大致呈一直线。之后以腕为轴,两手略上抬,使手背与前臂约成150度角,两手如按桌面,稳稳地站立,不动如山。静静地体会气机发动后,两手如按水上浮瓢的感觉及掌平气实的变化过程。可根据体力,适当屈膝,以加强练习效果。

李医生的易筋洗髓养生操

要点：虎口撑圆，十指疏直，微微摇动、震抖、挑按腕部及掌指，可促进气机发动。

参考：保持定式的桩态，很快从掌指起，气机渐充盈鼓荡，两臂如棒状的气球飘然欲飞，温热气感上传胸、背、后头部以至全身，浩然正气连天接地……当此之时，自有"泰山崩前灰飞散，过眼烟云我坦然"的豪迈气概。

（3）右上摘星

动作说明：接（2），以腰部为轴，上半身缓缓右转至一定角度（留有余地，以腰部不至于紧张为宜），以左足尖部为轴，左足跟外撇约30度，身体重心亦逐渐移至左足，之后右足跟离地，以右足尖为轴，右足跟内旋约45度后稍向前迈出，足尖点地，成右虚步，左足持重百分之七十以上。同时随腰部旋转，左臂由体侧划弧至头部右斜前上方，掌心向外，手指自然舒直，手腕略高于头顶；右手划弧至身后，外劳宫穴贴于命门穴处，头略上抬，两目注视左手之外劳宫穴的同时，内视右手的外、内劳宫穴与命门穴。静止三息以上后，左手变龙

爪，意念摘取小星星（如摘灯泡状），虚空旋、拧、抓、

要点：a. 此势通过身体重心虚实的转换及内视、意念、穴窍的运用来调整气血阴阳。《太极拳论》曰："虚实宜分清楚，一处有一处虚实，处处总此一虚实，周身节节贯串，无令丝毫间断耳。"实处立根基，虚处求变通。虚实分得清楚，周身才能轻灵。

b. 此势可采用鼻吸口呼，两手内、外劳宫穴与命门穴随呼吸而开阖。右手背似随吸气而被吸附粘贴于命门穴，随呼气而被排斥略微离开命门穴。左手摘星做抓捏动作

时,右手虽未动而亦有抓捏之感。

c. 动作熟练,游刃有余时,可尝试在定式的状态下(此时,除主要持重之左腿外,身体其他部分尽量放松),意想左手劳宫穴吸入天气,右手劳宫穴吸入人气,右足涌泉穴吸入地气,三气交会于丹田。呼气时三气氤氲弥漫于丹田,丹田充实。

参考:看到"摘星"二字,很多人会自然而然联想起李白的诗《夜宿山寺》:"危楼高百尺,手可摘星辰。不敢高声语,恐惊天上人。"

李白是我国伟大的诗人之一,被尊称为诗仙。著名的国学大师钱穆先生评价说:"李白是仙风道骨,老庄风度。""李白诗固然好,因他喜欢道家,爱讲老庄出世。他的境界之高,正高在他这个超人生的人生上……"

读文至此,或许有读者会问:"这是本讲功法养生的书,为何东拉西扯又谈起诗歌? 二者可有什么关联?"是的,有关联。在前文"读诗练功与阳生"一文中,曾提过练武、练功要"作意",武学大家薛颠称之为"注意法"。而国学大师钱穆也讲:"作诗,先要有作意。作意决定,这首诗也就有了十之六七了。作意则从心上来,所以最主要的还是先要决定你自己这个人,你的整个人格,你的内心修养,你的意志境界。有了人,然后才能有所谓诗。因此,我们讲诗,则定要讲到此诗中之情趣与意境。先要有了情趣意境才有诗。好比作画,尽临人家的,临不出好画来;尽看山水,也看不出其中有画。最高的还是在你个人的内心世界。""没有他胸襟,哪有他笔墨?""必得有此人,乃能有此诗。"诗言志,"心里龌龊,怎能作出干净的诗? 心里卑鄙,怎能作出光明的诗"?

写诗作文如此,修身养性、练功、打坐亦然。"富润屋,德润身,心广体胖"。做不到坦荡荡,总是常戚戚,如何能平心静气练功? 鼠肚鸡肠,斤斤计较,杂念纷纭,心不在焉,如何能进入天人合一、浑然忘我的境界?

由是,文武两道皆重"作意",练功不只是打熬筋骨,更要修心积德。

（4）左上换斗

动作说明：接上，上体左转至与右上摘星对称的位置，同时以右足尖为轴，右足跟外摆约75度角后，足跟落地，全足着地，之后抬起左足跟，以左足尖为轴，左足跟内转约75度角后稍向前迈出，足尖点地，成左虚步。定位后，右足负担体重的百分之七十以上。之后左手依旧为龙爪，作意安放小星星（如安装灯泡状），虚空旋、拧、抓、捏3次。

要点：转身前，腰微下沉，使气机下沉而不上浮；重心完全移至右足后，方可轻轻迈出左足。

参考：左手移动过程中，要有举轻若重的感觉。
观想：手中的小星星，晶莹闪亮，且有质感；其放射的光芒，照耀全身，透入机体，温润四肢百骸。

（5）意注两掌

动作说明： 左前臂缓缓内旋，使掌心斜对印堂穴，头略向下低，两目外视左手劳宫穴的同时，内视右手劳宫穴，静止三息以上。

要点： 定式后调整身体，左上臂及左肩部略下沉，使左上肢特别是左腕部充分放松。两目虽注视左掌心，但神光不可外露，而要内收，如撒网捕鱼，网须有回拉之意。

参考： 此势掌心向内，配合掌指微微合拢动作，以练手三阳经为主；而右上摘星、左上换斗二势掌心向外，以练手三阴经为主。请读者用心体会。

（6）单手擎天

动作说明： 接上，以左足尖为轴，左足跟外摆至足趾朝向正前方，然后全足着地，同时身体亦转向正面，调节右足，两足恢复至太极桩势，静止三息后，旋转左前臂使左掌心朝上，并上举左臂至伸直为止，作擎天状；同时两足跟离地，右手仍置于命门穴处。三息后，头下低，两目平视，进一步向上抬高足跟，伸直左臂。

要点： 定式之两目平视时，置于头部上方之左掌心正对百会穴，两者之间似有一根橡皮筋相连，向上牵拉头部，脊柱亦有被拉直之感。

李医生的易筋洗髓养生操

参考：定式站稳后,可以试着体会"涌泉呼吸法"：吸气时,意想气自两涌泉穴吸入,经足、腿上行至会阴处合流,再经腹胸后分为两支,一支经左肩上行至左臂,终于左掌之劳宫穴；一支经右肩下行至右臂,终于右掌之外劳宫穴,同时提肛收腹。呼气时,鼓腹松肛,意注两掌。

（7）掌照百会

动作说明：接上,两足跟落地,转左掌心向下,照射百会穴,两者相距约15厘米。

要点：保持中脉虚直,身体勿前俯后仰,左右倾斜。

参考：左掌如太阳,如灯泡,光明浴身；两掌随呼吸上下相应。

（8）单掌贯气

动作说明：接上，左掌自百会穴上方徐徐水平前移后，缓缓垂直下按，至脐前静止片刻，之后继续下按，至左臂伸直为止。

要点：左手宜缓缓下按，手实际运行于身体前方，而意念其通过身体内部；随左臂之下落，上身微微向上拔伸，两膝亦略略伸直。

参考：a.身体如高层楼房，左臂似下降中的电梯。电梯于每层停留，每层有乘客出入。各层即身体重要之穴窍，乘客即内外交流之气血。存此念，练此势，事半功倍。

b.左掌置于脐前，拇指距脐约5厘米，静止片刻后，意想前后两掌透过腹部相互交感呼应。在充分放松的情况下，与呼吸相合，身体会不由得前后左右轻轻摇晃，微微震荡，腹中如起波浪，心旷神怡，如酒至微醺，如花看半开。

余，请参看韦驮献杵第三式之贯气涌泉部分。

（9）按掌蓄气

接上，两手同时移动，恢复按掌蓄气，动作同前。待全身气机恢复平衡后接练下势。

之后，接右势，动作名称如下：左上摘星，右上换斗，意注两掌，单手擎天，掌照百会，单掌贯气，按掌蓄气。

练法均同左式，只是左右相反，故略。

之后接太极桩势，浴身洗髓，太极桩势，均同前。

至此，第四式摘星换斗结束。

3. 口诀

单手擎天掌覆顶，更从掌内注双眸。

鼻端吸气频调息，用意收回左右俟。

在整个行功的过程中，随动作之起承转合，应该配合相应的呼吸法门。如前文中已提到的自然呼吸法、涌泉呼吸法、逆腹式呼吸法、闭息法、丹命呼吸法，以及吐气法、喷气法等，不一而足。呼吸与动作、行气、觉照、意守配合，是行功的要诀。

4. 小结

山重水复疑无路，柳暗花明又一村。

前三式均是左右对称的动作，外形上稍显阳刚有余而阴柔不足。此式则风格一变，外形动作相对柔和，手足姿势左右各异。通过左右、虚实、松紧的姿势变化及意守、作意的锻炼来调节周身气血阴阳，促进身体健康，在"李易"十二式中起着承上接中连下的作用。

第四章　李氏易筋洗髓经十二式

第五式　倒拽九牛尾

1. 名称说明

九：为数之极，代表数量众多，并非实际数字；牛：体格大，力气也大，性格倔强，故有"牛脾气"之语，很多禅宗祖师喜欢用牛来比喻人之放任不羁的本性，用"牧牛"譬喻"修心""正念"的过程。九牛：汉语中常用"九牛二虎之力"来形容极大的力量，其表面意思可理解为练习此势能令人力气大增；内层含义又可指人之杂念纷纭，千头万绪，如众牛八方乱奔，难以驾驭。综上，倒拽九牛尾，其外形意思即挽着多头牛尾巴向后倒拉，以外练筋骨皮；深层内涵则为内练精气神，并进一步收摄杂念，系心一缘而达到心定念寂，是止观双修的法门。请参考所附《十牛图》与《牧牛图颂》之文字以加深理解。

2 练习方法

以左式为例说明。

（1）太极桩势（同前）

（2）按掌蓄气（同前）

（3）弓步观拳

动作说明： 身体左转，重心渐移至右足，当左转至约45度角时，重心完全移至右足，此时，抬左腿向左略偏后迈出，足尖朝向正左方，同时右足跟外撇呈45度角，右腿自然伸直，两腿呈左弓步，两足之间的横向距离为15至20厘米。弓步幅度大小可依据体力调整，体力足者，左大腿与地面平行，上身保持正直。同时，两臂随身体左转而自然移动，两掌变拳。左臂略弯曲，左拳眼向上，拳心斜对身体，左拇指与胸同高。右拳眼斜指向前，拳心指向斜后方，右拳的高度约与右大腿中间平齐，右臂略伸直而有旋拧之意。双目外观左拳，而内视右拳。体重平均分布于两腿。定式后，静息三次以上。

要点： a．如前所述，两拳均为虚拳(即拳中虚空，能容纳一支铅笔)。

b．除支撑之两腿外，其余身体各部尽量放松，尤其腹部和会阴部。

参考： 此弓步，杨氏太极拳称之为"丁八步"，如作为桩功坚持练习，则能达到"立身中正安舒，支撑八面"的效果。

（4）倒拽牛尾

动作说明： a．拽身后牛：接(3)，上半身慢慢倒向左大腿，体力足者，左胁肋可贴至大腿，注意左膝尖的垂直线不超过足尖，左臂随身体前倾而自然外旋下落，定式时左肘置于左膝稍前外下的位置，左前臂与地面平行，左拳心斜向上；右臂亦外旋略伸直，置于身后，拳心斜向后下。静止三息以上后，意念两手抓住位于身后正欲离去的牛尾，向自己方向拽，似人与牛拔河状。两者旗鼓相当，不分上下，一进一退，呈胶着状态。人向前拽牛时上身向前倾，人被牛后拉时上身略后仰，双臂随之旋转、拧裹、前后抻拉，双腿亦随之一屈一伸。重复练习三次以上。

b. 拽身前牛：接上，左腿慢慢伸直，上身随之立起，右腿适当弯曲，以保持平衡，意想拽住身前正欲离去之牛尾，向后回拉，如此上身自然后倾；接着人又被牛拽动而上身前倾，双臂、双腿亦相应而动。如此三次以上。

要点：a. 此势练习有一定基础后，应注意"用意不用力"。与上势同样，除支撑身体的两腿之外，身体其他部位尽量放松。此处特别强调腰腹、两臂与双肩关节，应始终在松柔的状态下旋转、扭动、前拉后拽，不可用蛮力、僵力。"若不用力而用意，意之所至，气即至焉，如是气血流注，日日灌输，周流全身，无时停滞，久久练习，则得真正内劲"。 神为主帅，身为驱使，刻刻留意，方有所得。达摩西来无一字，全凭心意用功夫；意气君来骨肉臣，意之用其大如此。

b. 注意上下相随，即《太极拳说十要》中所云："其根在脚，发于腿，主宰于腰，形于手指，由脚而腿而腰，总须完整一气也。手动、腰动、足动，眼神亦随之动，如是方可谓之上下相随，有一不动，即散乱矣。"

参考：《十牛图》与《牧牛图颂》（资料来源于网络）

a. 十牛图：此图为宋代廓庵师所作，依图次第指出禅者由修行、开悟、调伏业识，终至见性，进而入世化众之心路历程。若修行者能了解其过程之实际情况，便不会走错方向，故修行者宜多体会此《十牛图》之真实内涵。兹录其内容如下，以资参考。如欲详细了解，请进一步参阅相关书籍。

李医生的易筋洗髓养生操

Ⅰ.寻牛

忙忙拨草去追寻,水阔山遥路更深。
力尽神疲无处觅,但闻枫树晚蝉吟。

着语:从来不失,何用追寻? 由背觉以成疏,在向尘而遂失。家山渐远,歧路俄差;得失炽然,是非蜂起。

Ⅱ.见迹

水边林下迹偏多,芳草离披见也么?
纵是深山更深处,辽天鼻孔怎藏他?

着语:依经解义,阅教知踪;明众器为一金,体万物为自己。正邪不辞,真伪奚分? 未入斯门,权为见迹。

Ⅲ.见牛——从声得入,见处逢源

黄鹂枝上一声声,日暖风和岸柳青。
只此更无回避处,森森头角画难成。

着语:从声入得,见处逢源;六根门着着无差,动用中头头显露。水中盐味,包里胶青;眨上眉毛,非是他物。

Ⅳ.得牛——久埋郊外,今日逢渠

竭尽神通获得渠,心强力壮卒难除。
有时纔到高原上,又入烟云深处居。

着语:久埋郊外,今日逢渠;由境胜以难追,恋芳丛而不已。顽心尚勇,野性犹存;欲得纯和,必加鞭挞。

Ⅴ.牧牛

鞭索时时不离身,恐伊纵步入埃尘。
相将牧得纯和也,羁锁无拘自逐人。

着语：前思才起，后念相随；由觉故以成真，在迷故而为妄。不由境有，惟自心生；鼻索牢牵，不容拟议。

Ⅵ．骑牛归家

骑牛迤逦欲还家，羌笛声声送晚霞。
一拍一歌无限意，知音何必鼓唇牙。

着语：干戈已罢，得失还无；唱樵子之村歌，吹儿童之野曲。横身牛上，目视云霄；吹唤不回，牢笼不住。

Ⅶ．忘牛存人

骑牛已得到家山，牛也空兮人也闲。
红日三竿犹作梦，鞭剩空顿草堂间。

着语：法无二法，牛且为宗；喻蹄兔之异名，显筌鱼之差别。如金出矿，似月高云；一道寒光，威音劫外。

Ⅷ．人牛俱忘

鞭索人牛尽漏空，碧天辽阔信难通。
烘炉焰上争容雪？到此方能合祖宗。

着语：见情脱落，圣意皆空；有佛处不用激游，无佛处急须走过。两头不着，千眼难窥；百鸟衔花，一场懡㑩。

Ⅸ．返本还源

返本还源已费功，争如直下若盲聋？
庵中不见庵前物，水自茫茫花自红。

着语：本来清净，不受一尘；观有相之荣枯，处无为之凝寂。不同幻化，岂假修治？水绿山青，坐观成败。

Ⅹ.入廛垂手

露胸跣足入廛来，抹上涂灰笑满腮。
不用神仙真秘诀，直教枯木放花开。

着语：柴门独掩，千圣不知；埋自己之风光，负前贤之途辙。提瓢入市，策杖还家；九四鱼行，化令成佛。

b.牧牛图颂：此图为明代普明禅师所作，用十幅图和十首诗生动讲解了禅宗渐修法门的十步功夫，其着眼点在于调心证道，以人牛不见、心法双泯为最高境界。

Ⅰ.未牧

狰狞头角恣咆哮，奔走溪山路转遥。
一片黑云横谷口，谁知步步犯佳苗。

Ⅱ.初调

我有芒绳蓦鼻穿，一回奔竞痛加鞭。
从来劣性难调制，犹得山童尽力牵。

Ⅲ.受制

渐调渐伏息奔驰，滴水穿云步步随。
手把芒绳无少缓，牧童终日自忘疲。

Ⅳ.回首

日久功深始转头，颠狂心力渐调柔。
山童未肯全相许，犹把芒绳且系留。

Ⅴ.驯伏

绿杨荫下古溪边，放去收来得自然。
日暮碧云芳草地，牧童归去不须牵。

Ⅵ. 无碍

露地安眠意自如,不劳鞭策永无拘。
山童稳坐青松下,一曲升平乐有余。

Ⅶ. 任运

柳岸春波夕照中,淡烟芳草绿茸茸。
饥飡渴饮随时过,石上山童睡正浓。

Ⅷ. 相忘

白牛常在白云中,人自无心牛亦同。
月透白云云影白,白云明月任西东。

Ⅸ. 独照

牛儿无处牧童闲,一片孤云碧嶂间。
拍手高歌明月下,归来犹有一重关。

Ⅹ. 双泯

人牛不见杳无踪,明月光含万象空。
若问其中端的一,野花芳草自丛丛。

本书反复强调修心的重要性,在此亦见缝插针,借题发挥,引用上文,示其路径,虽嫌烦冗,足资印证。

(5) 弓步观掌

动作说明:接上,倒拽牛尾结束后,身体自然转换为(3)弓步观拳势,十指依次缓缓松开,变拳为掌,左手掌心斜对身体,右手掌心斜对右大腿外侧中间部位。两目外观左掌心,而意注两掌心。

要点:机在于目,手为机先,目观左掌,视而不见;意注两掌,气充周身,虚直中脉,呼吸和匀。

李医生的易筋洗髓养生操

参考：在由拳变掌的过程中，手掌、手指渐变得鼓胀难忍，甚或疼痛，十指尖、指甲缝似有气体冒出并嘶嘶作声，犹如充满气体的气球，被针轻轻刺破后气体泄漏的样子。有此感觉，练功、行拳便似陆地游泳，手之开合、足之起落，便如抽丝、如撕绵，如此便是所谓"挂气行拳"，便会久练不累，如痴如醉。每练一次都会有所进步，功中功后，身和心美。

（6）太极桩势

动作说明：接上，身体重心渐移至右足，以左足跟为轴，左足内扣，至足尖朝前，继而，重心渐移至左足，以右足趾尖为轴，右足跟内扣，至足尖朝前。接着，重心再渐向右移，至重心完全移至右足后，左腿内收，两臂亦随之下垂于体侧，恢复太极桩势。

要点：重心移动时，宜缓慢平稳，虚实分明，保持周身劲整、完整一气，外形"无使有缺陷处，无使有凹凸处，无使有断续处"；呼吸和匀，气血融通，无使有阻滞处，无使有卡顿时，无使有憋窒感，泰然自若，从容中正。

参考：杨澄甫《太极拳十要》云："太极拳术以分清虚实为第一义，如全身皆坐在右腿，则右腿为实，左腿为虚；全身皆坐在左腿，则左腿为实，右腿为虚。虚实能分，而后转动轻灵，毫不费力；如不能分，则迈步重滞，自立不稳，而易为人所牵动。"

在弓步观掌至太极桩势的转化过程中，应按如上要求，注意虚实变化。如有桩功基础，很快就能掌握。桩功的妙处，无处不在，此即"李易"重视桩功之缘由。

至此，左式完毕，接下来练习右式。顺序同前，依次为按掌蓄气、弓步观拳、倒拽牛尾、弓步观掌、太极桩势，动作与左式相同，只是左右相反。

接下来是浴身洗髓，太极桩势，同前。

3. 口诀

两腿一伸一屈，小腹运气空松。
用意在于两膀，观拳须注双瞳。

注：小腹运气空松一句，须仔细体会，所谓"腹内松净气腾然"，腹松才能气敛入骨，进而洗髓。

4. 小结

历代禅宗祖师多以牛喻人之本性。九牛奔驰，势乱形散，拽住其尾，把握掌中，暗含收摄心神之意。

第一式口诀里即有"气定神皆敛"之语，此式更是运用"止观双运"之法以达到精神专一，心定念寂。此式亦为"作意"练法。练习之要在于外紧内松，形劲意静。而形意松紧之转换处，即在两膀和小腹，以意注之，以劲贯之，自得其趣。

第六式 出爪亮翅

1. 名称说明

爪,《说文解字》载:"覆手曰爪。象形。凡爪之属皆从爪。"在此指手掌。翅,《说文解字》载:"翅,翼也。"本指鸟类、昆虫的翅膀,也指翘出像翅的东西。出爪亮翅亦象形取意,其表面含义为向前推出两掌,以展示自己强劲有力的臂膀,能发出浑厚内气的双掌及发达的背部肌肉等。但有出必有入,有开必有合,有放必有收,笔者理解其内在含义为:练习此式,可以使周身劲整,协调一致,既可内气外放,又可外气内收,是疏通经络,燮理阴阳,沟通内外,融合身心的妙法。

参考:出爪亮翅命名原因刍议:

a. 古代多形容武将为虎背熊腰,膀大腰圆,或细腰乍背,双肩抱拢;当今的健美、游泳运动员也多见背阔肌等丰厚,状如羽翼者。

b. 太极拳谚语曰:"力由脊发","牵动往来气贴背"等。有眼功者,言能看到训练有素的功法师、养生家、武术家在练功行拳时,有能量如光似电,自脊背发出,如扇状包裹身体,能量流集中者,则贯通两臂,自掌心发射而出——此似武侠小说之描述,读者付之一笑可也。但有打喷嚏——特别是那种声响如雷、连续不断的"大喷嚏"经历的朋友,仔细回想、体会一下喷嚏后瞬间阳气升腾振奋导致背部发热,热感弥漫全身、发越于外的感觉,或许会有助于对此名称的理解。俗语常说"眼见为实",实际上肉眼不能见,而实际存在者亦众矣!

c. 此势练习既久,出掌撤掌时,会感觉到空气阻力明显,行功动作虽然徐缓,亦似带有风声,如鸟儿轻抖翅膀,如儒士缓摇羽扇,而自身亦感空灵通透,似御虚临风⋯⋯非徒指有形之肌肉也。

2. 练习方法

（1）太极桩势（同前）

（2）弯腰松肩

动作说明： 上半身向前、向下缓缓弯曲，弯曲程度，顺其自然，不要勉强。两臂随躯干而动，如挂于衣架之服装，先自然下垂于身体两侧，掌心向内，后置于两足之前，掌心朝下，肩部放松。两腿伸直，头顶向下，两目微闭或目光穿过两腿之间，视向身后远方。

要点： 上半身下弯时，意念自第五腰椎始，如卷席般一节一节向上卷起，至颈项，再经头颅、面部、颈前、胸部，直到脐下丹田。

注意： 患有严重颈椎病、高血压病及严重腰椎疾病等患者慎练此势。

参考：《太极拳论》曰："一举动，周身俱要轻灵，尤须贯串。"以此势为例，除上述之节节贯串外，在弯腰松肩定式后，还可意想气自足趾，经足底、足跟、双腿、股关节到尾椎，沿脊柱上行到达第一胸椎后分为两支，一支上后颈、后脑，至头顶、面部、颈前、胸部，下腹后分两支，分别经股关节、大腿、膝关节、小腿、足跟、足底，至足趾；一支经肩关节、上臂，再经肘部、前臂，通过腕关节，经掌指到达指尖，最后原路返回，并配合呼吸。

当然,任何一个动作的练习都应持有节节贯串的意识,如此反复练习,自然津津有味,情趣盎然。

(3)握拳护腰

动作说明:接上,两臂内旋的同时,两掌根作下压地面状(不必接触地面)。静止片刻后,两臂外旋的同时,变掌为拳,随后,上半身抬起,调整中脉虚直,两拳置于脐旁肋下,拳心向上(定式与第三式之"握拳归胁"同)。

要点:上半身与上臂抬起时,两手如持重物,或意想牵拉强力弹簧。

参考:握拳护腰定式后,人如顶天立地,有"一夫当关,万夫莫开"之气概。

(4)出爪亮翅(又名推窗望月)

动作说明:接上,两拳变掌,掌心向上,气布掌指后,两掌上抬至胸部,稍停,两臂内旋,转掌心由上至下、至斜上,之后缓缓向前推出,保持两拇指间距约同两乳间宽。前推时,初轻柔如推纱窗,随两臂渐伸直,逐渐用意,至完全伸直前的瞬间,圆背、通臂、撑腕、立掌、竖指,用暗劲以排山倒海之势推出,同时可配合抬足跟、瞪目、咬牙,集中心念,观看两掌之间。静止片刻后,松腕舒指,收肘、引前臂,手走弧形返回至胸下,同时足跟着地,足趾翘起,之后重复以上动作七次以上。推出时呼气,回收时吸气,顺、逆腹式呼吸均可。

第四章　李氏易筋洗髓经十二式

要点：a. 注意上下相随，意气相依；呼吸、动作协调一致。

b. 久练之后，可以表情自然，从容练功，体会双臂推出、回撤时身体内部的气血反应，而不必咬牙瞪目，显形于外。

参考：感兴趣的朋友，若有机缘，可尝试在海边、明月下练习此式，或许会产生"惊涛拍岸，卷起千堆雪"的意境；而"春江潮水连海平，海上明月共潮生"的景象，亦可自然浮现于眼前。

周潜川先生曾提到练习此势时，可观想明月挂天的意境，并解释功夫深了，这种韵味，自然显现，不可追求。此亦是修观之法。

修观法是很多先贤大德内景的具象化、功法化，可以练意、培神、治心、转神，是引导后学的方便法门。然需修心积德，防止以幻引幻，切记切记！

（5）握拳护腰

两掌变拳，自胸下返回至脐旁、肋下，余同（3）握拳护腰。

（6）对挤肩胛

动作同第三式之(9)。

（7）贯气涌泉

动作同第三式之(10)。

（8）太极桩势（同前）

（9）浴身洗髓（同前）

（10）太极桩势（同前）

3. 口诀

挺身兼怒目，推窗望月来。排山还海汐，随息七徘徊。

4. 小结

此式一方面在持气充周的状态下，用意念导引内气贯注臂指，又运用了明月、海潮之观想、观听等法，以达到动中求静、刚中有柔、阳中育阴的效果。

第七式　九鬼拔马刀

1. 名称说明

如第五式倒拽九牛尾所说，九为数之极，代表数量众多，并非实际数字；鬼：《说文解字》解释："人所归为鬼。"其引申义里也指力大无穷勇猛之人，又有神出鬼没、隐秘莫测、机警灵活之义。关于"九鬼"诸家各有解释，但似乎都难以令人信服。窃以为有两种解释，一是指九个鬼，即很多鬼的意思，一是指九头鬼。拔马刀，即抽拔斜背在身后的马刀。"李易"之本式练法中有多处转动颈部并在多个不同角度停留观望的动作，类似有多个鬼或一个具有九颗头颅的九头鬼在伺机拔刀的样子，而何时拔刀，难以预测，此种动作编排或暗合九鬼拔马刀之本义。

2. 练习方法

以右式为例说明。

（1）太极桩势（同前）

（2）按掌蓄气（同前）

(3) 抱首夹耳（欲拔马刀）

动作说明：接（2），左臂自体侧徐徐上抬，至与肩平后外旋，至掌心朝上后，继续上举竖直于头之左侧，掌心向右，继续顺势屈肘下落，用左臂内侧环抱头颅，其上臂内侧竖直于头部左侧，前臂内侧护持后头，上臂、前臂约成直角，肘尖向左，腕部放松，用拇指、食指、中指夹持右耳尖，拇指置于耳后，中指、食指置于耳前，无名指与小指置于太阳穴附近。如此，用整个左臂稳稳地固护住头颅。同时，右臂由体侧向后、向上抬起，右掌背贴置于两肩胛骨之间，静静地体会右手背随呼吸而有被吸入吐出的感觉。

要点：定式后，夹持右耳之左手拇指、食指、中指与左前臂、左肘尖同时略用力上提，以辅助自我拔伸颈椎，纠正身形，虚张左腋，疏利气机；同时左前臂微微按压后头，欲使其前倾，而颈项后顶，与之对抗，二力旗鼓相当，保持平衡。右腋略闭紧，以促进左侧之气血运行。

参考：关于易筋经十二式之命名。易筋经十二式，皆以象形命名，以本式抱首夹耳为例，试说明之。

此势左上臂抱首夹耳，状如手握刀把，肘部外张，有欲拔斜背于身后之马刀之势，右手背贴在两肩胛骨之间，似按压刀鞘,防其上移。此以"象形"名势,或曰"象形取意"。

有关象形术的渊源,薛颠传有歌诀如下:

> 伏羲画卦首明阴阳,取之身物卦象昭彰。
> 阴康大舞民体健康,黄帝内经却病良方。
> 道家吐纳禅定坐忘,孔言天命语极精详。
> 汉氏华佗象理阐扬,五禽游戏保人健强。
> 象形取意道启康庄,命以术延道以人昌。
> 勿忘勿助至大至刚,精修性命云胡不臧。

歌中讲述,象形术的先贤有伏羲、阴康、黄帝、孔子、释迦、华佗,他们把象形术以易经、舞蹈、中医、吐纳、禅定等形式流传下来。

其中,伏羲明阴阳,画八卦,远取诸物,近取诸身,将看到的景物与自己的身体相互参照,开象形取意之先河,概括了天地之运行规律,开启了中华文明之源头。

伏羲还命阴康创编《大舞戏》,用人体描绘表述天地万物,通过舞蹈获得天人感应,治愈疾病。能治病的舞蹈一定是精确的,其编排也一定是合理的。如果对人体没有深刻的理解和把握,那么编排出的"舞"是难以有效的。

东汉末年,名医华佗再现阴康创舞,制定了五禽戏。薛颠言:"庄子吐故纳新,合于呼吸,以求难老。汉华佗氏因而广作五禽戏(虎、鹿、熊、猿、鸟),运动锻炼身心,以强精神。"认为五禽戏承接了庄子的学问。

汉代以后的很多功法拳术都采用了象形取意的方法,著名的有形意拳、心意拳、太极拳、八段锦、大雁功等,而从头到尾皆以象形命名的,首推易筋经。无论是前文中已经介绍的韦驮献杵三势、摘星换斗、倒拽九牛尾、出爪亮翅、九鬼拔马刀等,还是后面将要介绍的三盘落地、青龙探爪、饿虎扑食、打躬鸣鼓、掉尾摇柱,皆是如此。

薛颠言:"有象有意,不成妙意;即象即意,不可思议。"

其弟子李仲轩老人解释说:"动作和精神分崩离析,各逞其能,是不协调;动作与精神相互配合,也是下乘;精神就是动作,动作就是精神,才是象形术的路径。"

由此,在易筋经的练习中,应首先仔细体会动作名称的意义,"势势存心揆用意",勤学不息,循序渐进。尽量做到形意融一,息虑凝心,才能事半功倍,得练功三昧。

(4)环望星空

动作说明:接(3),两足不动,保持抱首夹耳的功架,双目由平视正前方开始,随上半身右旋,颈部缓缓向右斜上、向后转动,而双目亦自右上方环望,直至正后方的天空,并在与正前方呈45度、90度、135度、180度角时,均静止片刻(约7秒钟)。

第四章 李氏易筋洗髓经十二式

要点：a. 全身特别是自第5腰椎起，向上至颈椎要缓缓转动，才能练出情趣，如品尝美食，细嚼慢咽才能品出滋味，狼吞虎咽则不但难以体会其中的醍醐美味，甚或导致噎、呛乃至消化不良。

在身心充分放松的前提下，部分身体敏感者在转动时会感到脊柱周围似有微弱电流行驶，局部酥软，身心轻安。

b. 全身除略闭紧之右肩臂外，其余部位尽量放松。颈部转动幅度宜适可而止，不要勉强。

c. 左臂保持抱首夹耳的功架不变，在转颈的同时，左前臂如推磨一样微微助力，以推动头部向右斜上转动。意注肘尖，保持躯体松而不懈，身势浑元。

参考：日本中京大学教授、医学博士汤浅景元在《旋转运动7秒钟减肥》一书中写道："旋转运动不是靠伸缩肌肉取效的，而是尽最大力保持7秒钟，以给日常生活中不使用的肌肉赋予活力的优秀方法。"笔者在自己的练功及教学实践中体会到，在练功过程中旋转到位后的静止以不少于7秒钟效果为佳。接下来的回顾左踵及第十一式的左右回顾等皆然。

做功夫讲究动静结合，所谓"静中触动动犹静"，当动则动，当止则止，而其运用之妙，存乎一心，具体视功境、火候等当时的练功状态而定。应牢记并揣摩："知足不辱，知止不殆""知止而后有定"，以"止于至善"……

（5）回顾左踵

动作说明：接上，头下低，腰进一步右旋，目视左足跟。静止片刻（不少于7秒钟）。

要点：头下低时，左臂微微用力向右后下方推转颈椎。注意，不要勉强，勿用暴力；留有余地，安全第一。

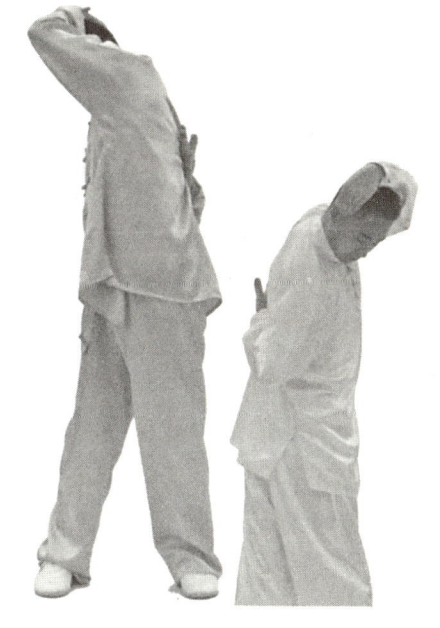

（6）拔刀归原

动作说明：按（5）、（4）的动作顺序，返回至抱首夹耳势，左手之拇指、食指、中指轻轻向上捏提一下耳尖后，抬腕松手，左前臂亦顺势上移离开头部，状如拔刀出鞘，弧形上举至臂伸直，掌心朝前，之后，以肩为轴，直臂向左、向下划弧，回落至左体侧与股关节平齐处，掌心向下，五指朝左；同时，右臂放松，右手顺势自然地从两肩胛骨之间滑落向下、向右，走弧形收回，至右体侧与股关节平齐处，掌心向下，五指朝右。

要点：两手动作协调一致，不得参差不齐；左手离开耳尖，右手离开后背，左手上托，右手下按，状如拔刀。要求做到周身劲整，气势饱满。

参考：（4）、（5）、（6）同。

a.（4）、（5）、（6）三势均有良好的调整脊柱的作用。有关脊柱的重要性，前面已经讲过，兹不赘述。一旦脊柱出现问题，如脊柱侧弯，脊椎骨错位，颈、腰椎间盘突出、椎管狭窄，颈椎、腰椎变形性疾病，骨质疏松等，不但会出现局部疼痛、活动受限，甚则会引发很多全身性疾病，导致病症丛生，不得安宁。可以说脊柱关系到全身的健康水平。正因为如此，才应运而生了很多治疗方法，代表性的有我国的推拿、美国的整脊等，或偏重于正骨，或偏重于理筋，两者各有优缺点。就此，笔者曾做顺口溜加以说明：

整脊不整筋，只能好一时；整筋不整脊，总是难彻底。
整脊又整筋，疗效方可期；更练易筋经，自调不求医。

第四章　李氏易筋洗髓经十二式

意思是说,治疗脊柱疾患,既要放松肌肉,理顺筋膜、肌腱、韧带,放松肌肉,以求"筋柔";又要调整骨胳,复其原位,以求"骨正"。骨正筋柔,才能气血周流。但只是整筋、整脊,效果也难以巩固,还须患者本身坚持练功,保持良好姿势,达到内壮外勇,才是治本之法。

"我的健康我做主,我是我的主治医。"对于很多慢性疾病,特别是生活习惯病的治疗,患者自身的努力才是最重要的。笔者常对患者说:"他力须借助,自力是基础。二力相结合,疗效更显著。"

希望患者朋友们,既不可讳疾忌医,更不可将自己的身家性命完全托付于医院、医生,应该充分发挥自己的主观能动性,积极配合医生调治疾病。

b. 转动上半身及颈部时,要求动作徐缓柔和,呼吸自然均匀,心境恬淡安谧。如此反复练习,不知不觉中,身体柔韧性得以提高,关节可动域得以增大,心态也逐渐变得平和,诚有"润物细无声"之感;反之,如动作过猛过快,呼吸似喘,或屏息努气,或为赶时间而心神不定等,则练习难以见效,甚或受伤,应努力避免。

c. 此势对缓解颈、肩、腰、腿疼痛不适、关节不利等疗效可靠,这一点从动作外形上来看亦不难理解。除此之外,对解除眼部疲劳也立竿见影。《灵枢·大惑论第八十》云:"五脏六腑之精气皆上注于目而为之精。"此势通过调整脊柱,一方面可以疏通经络,从而促进其"行血气而营阴阳、濡筋骨、利关节"的功能;一方面可以改善脏腑尤其脾胃功能以助气血生化。如此,精气得补,经络畅通,目精得以濡养,疲劳自可消除。另外,环望星空,回顾左踵等动作,对眼轮肌也有很好的调节作用。因此,每次练完此势后,都会觉得神清气爽,耳聪目明。

d. 此势还具有疏肝解郁、健脾和胃的功效。部分素体肝郁气结、脾胃虚弱的朋友,在练习时会有打嗝、矢气等反应,均属正常,随练功进展,各种症状、反应会逐渐好转。当然,要养成定期查体的习惯,如有不适,及早就医,不可过于迷信于练习。

(7) 按掌蓄气

动作说明: 接上,顺势进入按掌蓄气练习,动作同前。静止三息以上,"待机"行功。

要点：按掌蓄气定式后，在达到两掌气感平均，周身松通前，保持身形不动，即待机状态。

参考：待机也是练功体系里的重要一环。汉语中常讲：待机而动，见机行事，机不可失，时不再来等，能否把握好时机，直接关系到练功质量。如第一式的太极桩势里提到，待气机发动后方可进行下一步；本势等待两掌气感平均，都是属于待机。要求身形、姿势、呼吸、意念配合。

待机即充气过程。所谓"蓄而后发"，练功不是流水作业，应该充分做好身心准备，随时调整练功状态，不要总是按部就班、一成不变，以免把活泼泼、乐融融的练功搞得死气沉沉、毫无生气而导致日久生厌、半途而废。

至此，右势结束，接着练习左势，顺序同右，依次为抱首夹耳、环望星空、回顾右踵、拔刀归原、按掌蓄气，只是动作左右相反。最后以太极桩势、浴身洗髓、太极桩势结束。

3. 口诀

侧首弯肱，夹耳抱颈；开阳闭阴，息和意静。
望空及踵，左右转颈；轮臂拔刀，身正气平。

4. 小结

此势与第四式、第五式相似，也是通过使身体一侧紧张、一侧放松来达到疏通经络、调节气血的功效。

脊柱是身体的支柱，既是多种神经的通路，也与督脉、膀胱经等密切相关，此式通过拔伸旋转脊柱，使骨正筋柔，气血以流；肾主骨生髓，开窍于耳，腰为肾之府，此式通过调整脊柱、转动腰部、抱首夹耳等动作的练习，以达到壮腰强肾之效。本式易学易练，动作柔和，费时不多，安全有效，可谓功简效宏，适合各年龄段人群，尤其适宜于电脑族、手机族等。

第八式 三盘落地

1. 名称说明

盘,《说文》曰"承槃也",又通作"磐","大石也"。引申为稳固的地盘、基盘、根据地等,是物体托根之处。三盘系传统武术术语,其将人体分为上、中、下三部:头颈为上部,其盘在肩;躯干为中部,其盘在腰胯;下肢为下部,其盘在足。三盘落地,指在练习此式的的过程中,三盘在上身正直的前提下,始终要保持向下沉坠欲落入地下的势头。武术谚语说:"肩沉则气固,胯沉则身固,足沉则步固。"练功之人,以气沉丹田,双足轻劲有力为第一要义,心浮气躁是谓大忌,而常练三盘落地,可使气沉桩固。

2. 练习方法

(1) 太极桩势(同前)

(2) 按掌蓄气(同前)

(3) 大马步势

动作说明:接上,身体重心渐移至右足,待完全移至右足后,轻提左足向左平开半步,稍停后,身体重心再渐移至左足,待完全移至左足后,再轻提右足向右平开半步。两足平行,足尖朝前,两足内侧间距约为自己足长的2.5倍。两膝内裹之中又含外展之势,十趾抓地。余同按掌蓄气。

要点:a.保持上身正直,两膝适度弯曲。

b.身体重心移动时,注意虚实的转换和气血的变化。从容镇定,气和心平。

参考:此势与按掌蓄气相似,只是两足间距变宽,身体重心下移,有助气沉丹田,气贯双足。

（4）左右起落

动作说明：接上，两膝渐伸直的同时，两臂亦自体侧向上抬起，至手与头顶平齐，两掌心向下，十指疏直，虎口向前，静止片刻后，两膝缓缓弯曲，至大腿与地面平行，两臂亦随身体下落，置于两膝外侧，定式后，静息三次。接着，两臂外旋，两掌心向

上，双膝再次慢慢伸直，两臂随之抬高，至与头顶持平，如此一起一落，反复7次以上。

要点：a.两臂下落时，如按压弹簧；两臂上抬时，如手托重物。起落均宜缓慢，到位后静止片刻。

注意：两臂虽下落至与膝同高的位置，但意念两手似入地三尺。两臂起落过程中始终保持自然伸直的状态。掌心翻转向上时，体会十指、手掌克服空气阻力，如搅拌蜂蜜般的黏黏糊糊的感觉。

b.身体的直立、下蹲虽由膝关节的屈伸来完成，但注意力不在两膝而在第二腰椎棘突下的命门穴处，所谓"命意源头在腰隙"。以命门穴为动力的始发点，引领脊柱上起下落，并保持上半身正直；两足始终平行，不因起落而移位，且膝尖的垂直线不超过足尖。

c.初练时配合瞪目、咬牙、闭口，熟练后则表情自然，神态安详。自始至终应保持舌抵上腭的状态。

d.呼吸初宜自然呼吸，鼻吸鼻呼。渐渐地可以配合动作行功势呼吸，即上起时吸气，下落时呼气。

e.练习宜循序渐进，适可而止，不要过度，过犹不及。

参考：此势练习熟练后，两臂上抬时，可意想自然清气自两足底涌泉穴旋入，沿两腿至两臀，经背、上后颈、上头顶；两臂下落时，意想气自头顶经面部、颈前，经胸腹，沿两腿下足，透足底入地。

注意：用意微微；气行路径不特指某一条或某几条经络，而是整个下肢、头颅、躯干内部。

（5）前落侧起

动作说明：（在体力许可的情况下）接上，当第8次两臂上举，至与头顶同高时，两臂边外旋至掌心向上，边上举至头顶上方，此时，两掌心相对，接着两臂自然弯曲，使掌心向下，十指相对。随膝关节屈曲，两手经面、颈、胸、腹前垂直下落，至两膝之间、与膝同高的位置。稍停后，两手各经过膝前，左右分开，至两臂自然伸直后，两臂外旋至掌心向上。接着随膝关节伸直，两臂如前自体侧上举，至头顶上方，再下落。如此，一落一起，反复7次。

要点：两臂从体前下落时，两肘尖尽量垂直下落，以保持势圆劲整、浑然一体。

参考：同（4）。

（6）小马步势

动作说明：接上，两臂第8次上抬，至手与头同高后，静止片刻，身体重心渐移至右足，将左足回收半步。接着，重心渐移至左足，右足亦回收半步，两足间距约同肩宽，双膝适当弯曲。

要点：同大马步势。

参考：顾名思义，形如骑马，下盘稳固如山，中盘、上盘空虚轻灵。

（7）前落侧起

动作说明：接上，两臂上举至头顶上方，两掌心相对，接着两臂自然弯曲，使掌心向下，十指相对，两中指间距约5厘米。接着，两手经面、颈、胸前垂直下落，至脐前时，足跟上抬，足趾抓地，同时双膝弯曲，至大腿与地面平行为止，双手亦随之下落至两膝之间。静息三次后，两手各经过膝前，左右分开，至两臂自然伸直后，两臂外旋至掌心向上，接着随膝关节伸直，两臂如前自体侧上举，至头顶上方，足跟落地。如此，一起一落，反复7次以上。

第四章　李氏易筋洗髓经十二式

要点：上身始终正直,保持身体平衡,注意防止跌倒。

参考：a. 形意合一,意在形先,意到气到,外内相感。

b. 起落时足跟也可以始终离地,随两臂上抬,足跟乃至双腿、躯干、颈部亦尽量向上抻拔。此练法侧重强化下盘根基,沟通上下循环。

（8）后落侧起

动作说明：接上,开始动作同(7),当两手下落至胸前时外分,各自穿过腋下,沿后背下落,经过命门穴高度时,抬起足跟,同时双膝开始弯曲,直至大腿与地面平行为止。两手继续下落,经过臀后、腿侧,置于两膝外侧下方各约5厘米处,此时两臂自然伸直,掌心向下,十指朝向斜前方。静息三次,接下来,动作同(7),即两臂旋外,掌心向上,随双膝伸直,两臂上抬至与头部同高,足跟落地。如此反复练习7次以上。

要点：两手穿过两腋沿后背下落时,要充分挺胸拔颈。

参考：同(7)。

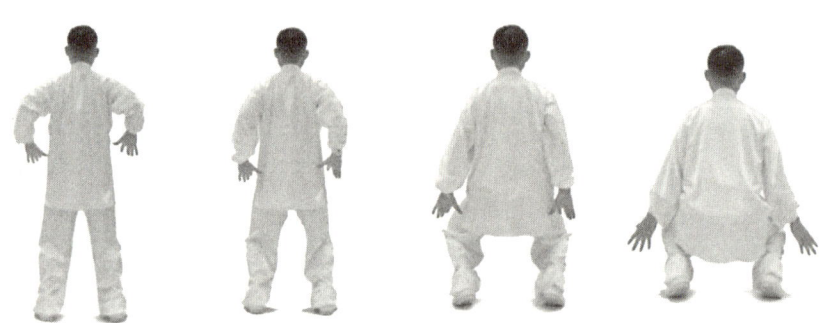

（9）左右落起

动作说明：基本与（4）左右起落相同，但此势先落后起，彼则先起后落；此势两足间距较窄，想做到两大腿与地面平行殊为不易。初练时，宜适当降低标准，或上半身微微前倾，或两大腿尽量做到与地面平行即可。

要点：同（4）。

第四章 李氏易筋洗髓经十二式

参考：（4）（5）（6）（7）（8）（9）共通。

a.前面讲过，人老腿先老。人过中年，身体会发生三大变化，即肌力下降、血液循环变差、植物神经功能紊乱。腰腿衰弱之时，即身体感觉变老之时。人体下肢肌力较上肢更易衰减，一般说来，肌肉量以20多岁为高峰，之后逐渐减少，其中大腿四头肌的老化最为明显，到70岁时，肌肉量会减少三分之一。而下肢肌力下降后，不仅导致容易行走疲劳、摔跤，还会影响全身健康状况，引发各种病症，如心悸、气短、四肢逆冷、水肿、心脏病、糖尿病、骨质疏松等，从而影响生活质量。为预防起见，应积极而合理有效地进行全身运动，特别是下肢运动。在此，笔者自信地向大家推荐"李易"之三盘落地式。

平素没有运动习惯者，开始练习时难以做到大腿与地面平行，不要勉强，应量力而行，循序渐进。相信"水滴石穿"，"只要功夫深，铁杵磨成针"，常思"贵有恒，何必三更起五更眠？最无益，只怕一日曝十日寒"，以励志精进。要有诚心，"诚者，不勉而中，不思而得，从容中道，圣人也。诚之者，择善而固执之也"。凡是善事，只要认得准了，就应坚持，坚持就能见效。譬如练习此势，会逐渐觉得两腿轻劲有力，爬坡登山，如履平地，即使长时间行走，亦不觉疲倦。虽不能行如奔马，却有飘飘然、凭虚御风之感。歌咏其状，曰：

脚踏祥云头顶悬，步如轮转气自旋。
从足到头升复降，走出迷茫见性天。

"李易"之三盘落地势，有如上五种练法，初练者，可只选第一种，即（4）之左右起落。如意犹未尽，可接着练下去。如能一气呵成，轻松完成此势，则腿力已非寻常可比。

b.可参考练习面壁蹲起功，即庞明先生公开的蹲墙功。

c.日本顺天堂大学医学部小林弘幸教授认为，"马步蹲起是终极的全身运动，是最强的健康法"。其理由有三：

其一，有效锻炼全身肌肉，塑造敏捷矫健身躯。如对于行走不可或缺的大腿四头肌、促进肠蠕动的肠道肌肉、防止二便失禁的肛门括约肌、骨盆底肌等均有良好的锻炼效果。

其二，促进血液循环，预防疾病，延缓老化。研究表明，马步蹲起有预防认知症，降低心脑疾患风险，预防动脉硬化、糖尿病、骨质疏松，提高免疫力，改善四肢逆冷症状等作用。

其三，调整自律神经，心中常怀喜悦。

（10）浴身洗髓（同前）

（11）太极桩势（同前）

3. 口诀

上腭坚撑舌，张眸意注牙；足开蹲似踞，手按猛如拿。
两掌翻齐起，千金重有加；瞪睛兼闭口，起立足无斜。

4．小结

中国传统武术和功法均重视腰腿的基本功，要求下盘稳固，落地生根，也只有在稳固的基础上，才可能做到"一举动，周身俱要轻灵"。常练强化下半身的此势与强化上肢的第六式，可较快达到持气充周的效果。

另外，腰为肾之府，强化腰腿的锻炼自然可以增强肾气，壮骨生髓，提高精力，耳目聪慧。

第九式　青龙探爪

1. 名称说明

青龙是我国古代神话中的天之四灵（青龙、白虎、朱雀、玄武）之一，源于远古星宿崇拜，是代表太昊与东方七宿的东方之神。于五行主木，象征四象中的少阳、四季中的春季。中医学认为，五脏中的肝、五色中的青、五体中的筋、五官中的目、五华中的爪等均具有五行中木的特性；道家经典里有"龙从火里出，龙性属阳内含真阴，心为离火龙性起源"等语。此势练习时，神生目，威生爪，气发丹田，劲起涌泉，刚柔曲直，莫测隐显，好似神龙水上行——此青龙探爪之外形描述也。而功势本意在于通过两手上下翻转及身形侧弯、旋转、上升、下降等，使心火下降，肾水上升，坎离既济，而恢复"从此变成乾健体，潜藏飞跃尽由心"的生命初始的本源状态。

2. 练习方法

以左式为例。

（1）太极桩势（同前）

（2）按掌蓄气（同前）

（3）侧弯亮掌

李医生的易筋洗髓养生操

动作说明：接按掌蓄气，右臂不动，左臂缓缓自体侧上抬，至与肩同高时，外旋，使掌心向上。接下来，上半身、头颈向右侧弯，同时，左臂先被动地随身体右弯而上抬，当超越垂直于地面的角度后，转为主动向右下弯曲。两足保持不动，身体重心逐渐右移。右臂不动，只随身体右弯而略下移。定式时，转颈，目视右手、右足，左上臂置于头顶上方，两掌心向下，右腿约负担体重的百分之七十。

要点：定式时，左胁肋部充分伸展，右胁肋部尽量放松。

参考：左臂上抬、下弯时，掌心与五指应有抽丝、撕棉感，或如牵拉橡皮筋一样，而且这种感觉不因旋臂、身体侧弯而消失。要求在外形动作上保持圆润柔活，在内气运行上保持绵绵不断。

b. 依据中医学理论，肝主疏泄，调畅气机，性喜条达而恶抑郁，其开窍于目，其华在爪，在体为筋，其经脉循行路线：

足厥阴肝脉所终，大趾爪后起毛丛。循足背上内踝前，出太阴后入腘中。
循股入毛绕阴器，上抵小腹挟胃通。属肝络胆上贯膈，布于胁肋循喉咙。
上入颃颡连目系，出额会督交巅顶。支从目系下颊里，环绕唇内两经同。
支者从肝别贯膈，注肺交经经循终。

经常练习身体侧弯，与下面将要介绍的左右探爪，不但使全身肌肉、筋膜得以舒展，还能使四肢之爪甲，腿之内外两侧，躯干之胸、腹、腰、胁、肋部，脏腑之肝、胆、肺、胃、肾、脾、心等得到调整。如此肝气自然得以疏泄，气机出入升降复常，身体康健，心情怡悦。

（4）左右探爪

动作说明：接上，上半身尽量向右、向后旋转，两臂随身体而动，两手心向

第四章 李氏易筋洗髓经十二式

下,两目随视右手,两腿依旧直立。稍停后,两膝下弯,同时左臂下落,置于右髋关节稍下方,右臂自然伸直,向后向上移动,此时,两掌心仍向下,十指略斜向后。继之,左手随坐腰而向下,置于膝前(或膝上,视体力及柔韧性而定),右臂自然弯曲上抬,至与胸同高,然后,两手一上一下,一前一后,保持相同间隔,随腰之左旋,向左探出,如两条游龙,乘风破浪,势不可挡。左手依次穿过右膝(膝前或膝上),左膝后,两掌变为"龙爪",同时口发"嘘"声,嘘声持续发至腰部左转到尽头处为止。

静止三息以上后,两手放松,变龙爪为掌,左前臂外旋、划弧向上,右手划弧向下,左手在后、在上,右手在前、在下,随身体右旋再做向右探爪。如此左右反复7次。

李医生的易筋洗髓养生操

要点：a. 腰部充分旋转，而且旋转过程中脊柱有上拔下坠之意。初练时，因难以做到在大腿与地面平行的状态下完成动作，身体上下可以有起伏。

b. 注意体会两手划弧、翻转上下时体内的气机变化。

c. 腰部旋转宜从容和缓，嘘字发声宜细长均匀，发声与动作协调一致。

d. 探爪之前，两掌要做到掌平气实，变爪之后，力透掌指，探爪动作到位后要求力充肩背。

e. 探爪过程中，两目始终观看双手，意注双肾。

f. 定式时，体会身体一侧紧张，一侧弛缓的状态；一侧云门、章门、期门诸穴呈封闭状态，一侧呈开放状态。

参考：a.《象形拳法真诠·云法》法曰：

云龙游空忽高忽低，荡荡流行绵绵不息。
行迹无定身轻腹实，万缘皆空精神蓄之。

《象形拳法真诠·摇法》法曰：

青龙之炁五脏属肝，四蹄百骸筋骨刚绵。
外静内动丹田炁坚，精炁贯顶劲起涌泉。

练习青龙探爪时，可借鉴这两段文字，体会其内涵，印证其意境。李氏诗曰：

拳法功法理相通，万变不离其本宗。
一体一用原无二，亦医亦武自兼容。

b. 本式讲"龙",下式讲"虎"。龙虎在传统文化的概念里,类似阴阳。龙虎落实在男女上,龙是男人,虎是女人;落实在丹法、内功上,龙是汞,虎是铅,龙是意,虎是气;落实在八卦上,龙是离,虎是坎;落实在肢体上,龙是脊椎,虎是骨盆。学中医,练功法,离不开传统文化,离不开古代汉语,希望朋友们于平日留心国学知识,以帮助理解传统文化的名词概念,有助练功进步。

（5）按掌蓄气

动作说明：接上,青龙探爪左式完成后,两手在身体右侧变龙爪为掌,身体左旋至面朝前方,两腿稍弯曲,两臂置于体侧,掌心向下,呈按掌蓄气势。

之后接着练右式,动作名称同上,依次为：侧弯亮掌、左右探爪,唯方向左右相反。续接按掌蓄气、太极桩势、浴身洗髓、太极桩势。至此,第九式青龙探爪结束。

要点：同前。

参考：同前。

3. 口诀

青龙探爪,左从右出。修士效之,掌平气实。

力周兼背,围收过膝。两目注平,息调心谧。

4. 小结

侧弯亮掌和左右探爪两势,一纵一横,对五脏六腑、十二经脉、奇经八脉均有良好的调节作用,尤其对肝、胆、脾、胃及任脉、督脉、带脉等功效可靠。这一点,从中医藏象学说及经络学说的内容来看不难理解。感兴趣的朋友可参考学习中医理论,用以指导自己的练功实践,做到"知行合一",则进步更速。

第十式 饿虎扑食

1. 名称说明

前文提过,易筋经十二式皆以象形命名,外形其象,内蕴其意。此式象形为虎,虎之为物,其性属金,居正西金旺之方,在脏为肺,属坎水,其性阴含真阳。道经云:虎向水中生。以性情言之,虎性灵,精壮有生气,动则御风,劲力起于臀尾,捕捉猎物时,头顶、爪扑、尾扫、口撕……周身鼓荡,意相搏击,精气催身,神发威严,进退猛烈,横冲直撞,浩气勃勃,呼啸叱咤,谷应山摇,象犹虎贲三千,气若龙飞万里——以此饿虎扑食之外在形象,而练心练性,养气修真,久习自臻上乘而通督脉。督脉为百脉之源,督脉一通,百脉皆通,则肺金气合,先天炁足。

此式与前式青龙探爪之龙法之炁,联属升降,丹经谓之水火既济。学者若能细心默悟勤练,不难得龙虎二气之要素,以健身心焉。然非精神圆满,内炁充足,不能得其要素,亦即,有了内功基础,才能练出第九式、第十式的韵味,才能象其形,得其意。

2. 练习方法

以左式为例说明。

(1) 太极桩势(同前)

(2) 掌指蓄气

动作说明: 接太极桩势,两臂边外旋,边屈肘,弧形向前斜上方移动至脐前,掌心向上,小指尖距脐约10厘米,稍停后,两肘先略向后移,再向左右疏开,同时略挺胸展腋,两手小指置于脐部两侧,十指疏直,大拇指朝前,其余八指各斜向内约呈45度角。调整呼吸,鼓荡气血,静候气机发动。

要点：由太极桩势移动两手时，意在虎口，而以食指为先导，微有上挑之意。

参考：保持松静自然，注意意气相依，中正安舒，神不外驰。如此，两手掌、指间乃至前臂、上臂均很快出现麻、胀、热等气感，此气感逐渐加强，是谓"蓄气"。

（3）弓步虎扑

动作说明：接上，身体重心渐移至右足，右膝弯曲，至重心完全移至右足后，轻抬左腿向前迈出一大步，呈左弓步，此时，上身正直。稍停后，身体略后仰以蓄势，同时左腿逐渐伸直，左足尖离地，右腿略弯曲，以稳稳地支撑住身体。

接着，双手沿腹胸直线上移，至与颈同高时翻转掌心向前，并顺势变为虎爪。同时，身体进一步后仰，借上体反弹之势，两手如饿虎扑食般先向上，再向前、向下扑出，两手行经面前时，左足尖着地，随两手渐接近地面，身体重心亦渐移至左足。接近地面时，随身体后仰，两手如耙子般沿左腿两侧收回至腹前，同时左足尖翘起，身体重心渐移至右足，至此，第一次虎扑完成。接着做第二次虎扑，重复以上动作三次。

李医生的易筋洗髓养生操

要点：a. 在两手划大圆向前扑出的过程中，注意提肛、缩臀、收腹、背颈后仰、上拔，肩窝吐气，两手要有摧搓抓按劲力，两大指相对，意达指尖。

b. 在扑出的过程中，重心随时变化，两目追视双手，意念照顾全身。

c. 两足之间保持一定的横向距离，以使重心稳定。

参考：a. 虎扑势如甩鞭，以腰臀为鞭把，脊背、颈、头、上肢为鞭身，两手为鞭梢。每一个虎扑，在外形上，即两手划一个大圆，而作意全身气血亦行一个大循环：始自尾闾，上行经脊，至大椎后，分为两支，一支上颈项，经后脑，达巅顶，下面门，沿任脉下至丹田；一支分左右，经两肩，穿两臂，达两手，随扑出动作之回收而汇于左足，沿左腿，上达丹田，再连通尾闾、命门。注意用意微微，不可执着。

b. 此势外形动作似以虎扑为重，用意实在虎踞。注重扑前、扑后的蓄力、蓄势，在动作过程中似随时有一只猛虎在蹲踞着。

c. 尾椎骨上有两排小孔，一排四个，内有八髎穴，有通经活络，补益下焦，强健腰膝的作用。传统武术大家认为，气只有透过这两排小孔，方能完成练精化气的过程。两排孔上覆盖着腰背筋膜和两条细小的肌肉——骶棘肌之下端，这被视为练武的秘宝。一块尾椎骨囊括了内功和外功。形意拳言，"形意拳第一要领是提肛"；形意拳打斗时，"全凭臀尾精灵气"。人无尾巴，这两条小肌肉就如同人的尾巴了，如虎、猫之尾巴，不但能调整方向，还能调节力度。而提肛之法，便是练尾之法了。

（4）虎视眈眈

动作说明：接（3），第四次扑出后，两手顺势以虎爪置于左足两侧，十指撑地，两手拇指约与足尖平齐，足之内侧缘位于两手正中。

调整两腿位置，呈左弓步，接着，两足跟抬起，两膝前弯，以两前脚掌着地，目视两手之间稍前的位置，意注十指尖。稍停后，抬头挺胸，目视前方。接下来，两足跟落地，两足踏实，两腿自然伸直，同时弓背，目光自远方收回至右足。接着进行第二次抬足跟、弯膝等动作，重复三次。

要点：a 两膝虽有前屈后伸之变化，十指始终撑地不动，两臂始终伸直。

b 两膝之前屈后伸，两目视线之前后移动，胸、颈之俯仰屈伸等动作须协调一致，不得参差不齐。

参考：a.虎视眈眈一词，出自《易经·山雷颐卦爻辞》："六四，颠颐，吉。虎视眈眈，其欲逐逐，无咎。"

山雷颐卦卦名：颐，颔也，养也。程传：上艮下震，上下二阳，中和四阴，上止下动，外实中虚，如人颔颐之象。艮震在先后天同位，取象上下相合，颐皆下动而上不动，颐无不养，养正则吉，所以名颐。卦象似大离。说卦：离为龟。九家易，艮为虎，象取龟息虎视，为道家修养之秘法，斯从此处得来。

颐之大义,在于戒贪。人生享用之奢,岂有止境?美味爽口,淫声荡神,丽色夺思,重衾损体,贪之弥甚,所伤弥多。是故葆身莫善于寡欲,寡欲莫善于知足。不知足而多欲,心思言行必至于颠倒拂逆矣。

b. 易筋目功法·虎视:《内外功图说辑要·易筋经外功图说》:"每睡醒切勿开目,用两大指背相合擦热,揩目十四次,仍闭住暗轮转眼睛,左右七次,紧闭少时,忽大睁开(能保炼神光,永无目疾。一用大指背向掌心擦热亦可)。用大指背曲骨,重按两眉旁小穴,三九二十七遍。又以手摩两目颧上,及旋转耳,行三十遍。又以手逆乘额,从两眉间始,以入脑后发际中,二十七遍。仍须咽液无数(治耳目,能清明),用手按目之近鼻两眦(即眼角)。闭气按之,气通即止(常行之,能洞观)。跪坐,以两手据地,回头用力视后面五次,谓之虎视(除胸臆风邪,亦却肾邪;地一作床)。

c 此势虽名虎视眈眈,实际操作时目光宜收敛,不可贪婪执着地盯视。李氏曰:"视线犹如捕鱼网,撒出收回贵含藏。"

(5)铁牛耕地,伏地挺身

动作说明:接上,在前腿弓、后腿蹬的状态下,意注十指尖,用十指支撑住身体,将左足腕搭于右足腕,全身仅十指尖与右足尖着地。屈臂,至下肢、躯体、颈、头与地面接近平行时,静止片刻,然后如铁牛耕地般,以前额、鼻尖、下颏、胸部尽量向下接近地面,继而向前、向上探出,至两臂完全伸直为止,挺身抬头,目视前方。

第四章 李氏易筋洗髓经十二式

静止片刻后,屈肘,至身体与地面接近平行后静止,同时目光由前方收回,先下视地面,继而后视右足。片刻之后,臀部尽量后移上抬,至两臂完全伸直,与地面约呈45度角为止,弓背,目仍视右足。如此十指支撑身体,一进一退,做伏地挺身,反复7次以上。

要点:a.练习此势,须循序渐进。初练者,可先用掌,继用拳,后用指。用指,初从十指开始,有余力后可渐次减去小指、无名指等。

b.初练时,意念在指尖、足尖,有余力者,意念集中于脊柱,体会脊柱节节贯通的感觉。

c.初练时宜自然呼吸,稍微适应后,向前挺身时吐气,向后翘臀时吸气。

参考:a.此势是"李易"的高潮,既可"内练精气神",又能"外练筋骨皮",久练可使丹田气足,灵气贯顶,筋络舒畅,指趾劲整,进一步还可调理脏腑,交通心肾。

b.阳气发处,金石亦透。精神一到,何事不成?苟学者,初心不忘,至诚无息,身体力行,必有进益。

c.孔子曰:"君子有三戒,少之时,血气未定,戒之在色;及其壮也,血气方刚,戒之在斗;及其老也,血气既衰,戒之在得。"

范氏曰:"圣人同于人者血气也,异于人者志气也。血气有时而衰,志气则无时而衰也。少未定、壮而刚、老而衰者,血气也。戒于色、戒于斗、戒于得者,志气也。君子养其志气,故不为血气所动,是以年弥高而德弥劭也。"

李医生的易筋洗髓养生操

易筋经功简效宏,坚持习练,会使病者康复,弱者转强,让人精力旺盛,内壮外勇,尤其本势补肾强腰功效强大,因此练习者平素应注意保精节欲,修身养性,不可纵情声色,好勇斗狠,逞一时之快乐,误终生之大事,亦不可贪得无厌,争名夺利。

吕洞宾诗曰:"浮名浮利浓如酒,醉得人间死不醒。"
白居易诗曰:"名为公器勿贪占,利是祸源莫强求。"

老子曰:"名与身孰亲?身与货孰多?得与亡孰病?是故甚爱必大费,多藏必厚亡,知足不辱,知止不殆,可以长生。"

d. 此势可配合练习古传"金刚铁板桥"、"卧虎功"或当今流行之"平板运动",一静一动,相得益彰,还可以配合练习"撞腰靠背功""撞丹功"等以加强内壮外勇之效。

（6）虎腿蹬天

动作说明：接上，"铁牛耕地，伏地挺身"功毕，放下搭置于右踝关节之左腿，安放于脐下地面，与支撑双手之中点呈一直线，全脚掌着地，之后，抬起右腿，先使大腿与小腿呈90度角，再伸直右腿，以右足底向斜上蹬空三次，然后右足落于脐下地面，左足同上蹬空三次。

要点：蹬腿之动力，发于命门穴；蹬空之要求，意注涌泉穴。

参考：a. 虎腿蹬空，空实不空，无中孕妙有，内外交感通。

b. 腰为肾之宅，涌泉出肾经；常练蹬空势，强肾又益精。

（7）指趾贯气

动作说明：接上，左足落地，与右足平行，两腿自然伸直，间距约同肩宽，两足全脚掌着地。之后，抬起两足跟，身体前倾，直腿直臂，以十个足趾和十个手指尖支撑身体，稍微静止后，两足跟落地，身体亦恢复原位。如此反复三次以上。

要点：重心前移时，意注指趾尖。腿臂自然直，目视手足间。

参考：a 此势乃（6）虎腿蹬天之继续，当身体重心前移时，意想精气源源不断地注入并濡养滋润指趾，以缓和十指之疼痛，预防十指之伤损，强健指趾之筋肉。

b. 得空宜常揉搓指趾：刺激指趾穴，手巧心亦灵，到老腿脚健，耳聪眼又明。

（8）太极桩势（同前）

接上，两足跟落地，两手随上半身缓缓抬起而自然抬离地面，恢复太极桩势。

以上共为左式。左式完毕后，即行右式，名称动作相同，只是左右相反。最后以浴身洗髓，太极桩势结束本式。

3. 行功要诀

　　　　两足分蹲身似倾，屈伸左右腿相更。
　　　　昂头胸作探前势，偃背腰还似砥平。
　　　　鼻息调元均出入，指尖着地赖支撑。
　　　　降龙伏虎神仙事，学得真形也卫生。

4. 小结

此式是"李易"之高潮部分，如能持之以恒，练习不辍，自能气血充盈，周身劲整，外邪难侵，内脏康平，其显著的健身防身、祛病疗疾之功效，无需赘言。练习时宜先从练形入手，外形过关后，再用意行功。内脏康平其中弓步虎扑、虎视眈眈、饿虎扑食三势都含有任督循环、坎离既济的内容，可对应行功要诀里降龙伏虎之语。

每见视频里二指禅倒立等表演，未尝不慨然叹其功深也。

所谓，有志者，事竟成；苦心人，天不负。

与同好者共勉。

第四章 李氏易筋洗髓经十二式

附录一 《修真传道论·论龙虎第八》

吕祖曰:"龙本肝之象,虎乃肺之神。是此心火之中生液,液为真水,水之中,杳杳冥冥,而隐真龙。龙不在肝,而出自离宫者,何也? 是此肾水之中生气,气为真火,火之中,恍恍惚惚,而藏真虎。虎不在肺,而生于坎位者,何也?"

钟祖曰:"龙,阳物也,升飞在天,吟而云起,得泽而济万物,在象为青龙,在方为甲乙,在物为木,在时为春,在道为仁,在卦为震,在人身中五脏之内为肝;虎,阴物也,奔走于地,啸而风生,得山而威,制百虫,在象为白虎,在方为庚辛,在物为金,在时为秋,在道为义,在卦为兑,在人身五脏之内为肺。且肝,阳也,而在阴位之中,所以肾气传肝气,气行子母,以水生木,神气足而肝气生,肝气既生,以绝肾之余阴,而纯阳之气上升;肺,阴也,而在阳位之中,所以心液传肺液,液行夫妇,以火克金,心液到而肺液生,肺液既生,以绝心之余阳,而纯阴之液下降。肝属阳,以绝肾之余阴,是以知气过肝时,即为纯阳,纯阳气中,包藏真一之水,恍惚无形,名曰'阳龙';肺属阴,以绝心之余阳,是知液到肺时,即为纯阴,纯阴液中,负载正阳之气,杳冥不见,名曰阴虎。气升液降,本不能相交,奈何气中真一之水,见液相合;液中正阳之气,见气自聚。若也传行之时,以法制之,使肾气不走失,气中收取真一之水;心液不耗散,液中采取正阳之气。子母相逢,两相顾恋,日得黍米之大,百日无差药力全,二百日圣胞坚,三百日胎仙完,形若弹丸,色同朱橘,名曰丹药,永镇下田,留形住世,浩劫长生,此陆地神仙。"

吕祖曰:"肾水生气,气中有真一之水,名曰阴虎,虎见液相合;心火生液,液中有正阳之气,名曰阳龙,龙见气相合。方以类聚,物以群分,理当然也。气生时,液亦降,气中真一之水,莫不随液而下传于五脏乎? 液生时,气亦升,液中正阳之气,莫不随气而上出于重楼乎? 真水随液下行,虎不能交龙;真阳随气上升,龙不能交虎。龙虎不交,安得黄芽? 黄芽既无,安得大药?"

钟祖曰:"肾气既生,如太阳之出海,雾露不能蔽其光;液下如疏帘,安足以胜其气? 气壮则真一之水自盛矣。心液既生,如严天之杀物,呼呵不能敌其寒;气升如翠幕,安足以胜其液? 液盛则正阳之气,或强或弱,未可必也。"

吕祖曰:"气生、液生各有时。时生气也,气盛则真一之水自盛;时生液也,液盛则正阳之气亦盛。盛衰未保,何也?"

钟祖曰:"肾气易为耗散,难得者真虎;心液难为积聚,易失者真龙。丹经万卷,议论不出阴阳;阴阳两事,精粹无非龙虎。奉道之士,万中识者一二。或多闻广记,虽知龙虎之理,不识交合之时,不知采取之法。所以今古达士,皓首修持,止于小成,累代延年,不闻超脱,盖以不能交媾于龙虎,采黄芽而成丹药。"

附录二 《灵宝毕法·交媾龙虎第三》摘抄

《比喻》曰:"以身外比太空,以心肾比天地,以气液比阴阳,以子午比冬夏。子时乃曰坎卦,肾中气升;午时乃曰离卦,心中液生。肾气到心,肾气与心气相合,而太极生液,所以生液者,以气自肾中来,气中有真水,其水无形。离卦到心,接着心气,则太极而生液者如此。心液到肾,心液与肾水相合,而太极复生于气,所以生气者,以液自心中来,液中有真气,其气无形。坎卦到肾,接着肾水,则太极而生气者如此。可比阳升阴降,至太极而相生,所生之阴阳,阳中藏水,阴中藏气也。"

《真诀》曰:"肾中生气,气中有真水;心中生液,液中有真气。真水真气,乃真龙真虎也。阳到天而难升,太极生阴;阴到地而难入,太极生阳。天地之理如此。人不得比天地者,六欲七情,感物丧志,而耗散元阳,走失真气。当坎卦肾气到心,神识内定,鼻息少入迟出,绵绵若存,而津满口咽下,自然肾气与心气相合,太极生液;及离卦心液到肾,接着肾水,自然心液与肾气相合,太极生气。以真气恋液,真水恋气,液与真水,本自相合,故液中有真气,气中有真水。互相交合,相依而下,名曰交媾龙虎。若火候无差,抽添合宜,三百日养就真胎,而成大药,乃炼质焚身,朝元超脱之本也。"

《道要》曰:一气初回元运,真阳欲到离宫。捉取真龙真虎,玉池春水溶溶。此恐泄元气而走真水于身外也。气散难生液,液少而无真气。气水不交,安成大药?当此年中用月,以冬至为始;日中用时,以离卦为期。或以晚年奉道,根元不固,自度虚损,气不足之后,十年之损,一年用功补之,名曰采补还丹。补之过数,止行此法,名曰水火既济,可以延年益寿,乃曰人仙,功验不可备纪。若补数足而口生甘津,心境自除,情欲不动,百骸无病,而神光暗中自现,双目时若惊电。以冬至日即始,谨节用法,三百日脱其真胎,名曰仙胎。"

《解》曰:"在外午时为离卦,太阳为真阳;在人心为离宫,元阳为真龙也。真虎肾中之水,真龙心液中之气。口为玉池,津为春水。"

《直解》曰:"'一气初回元运',以冬至为始,即子月也;'真阳欲到离宫',以离卦为阴,即午时也。真龙者,心液中之气;真虎者,肾气中真水,气水相合,乃曰龙虎交媾也。"

按:有志于中医功法养生者,除应多读中医典籍外,还需下功夫涉猎道家经书。如前所述,读经典要做到口读、心读、身读,心有所悟,身有所感,穿越时空,与圣贤对话。运用古人的语言,阐释古人的精神。因此,对经典中出现的名词术语,对古人经常运用的所谓"取类比象"的方法,应充分理解,如此方有与古人对话的基础,才能在某种程度上接近理解古书古人的原意。

易筋经第九、第十两式里出现了"龙虎"二字,为帮助读者理解,而引文如上,请仔细品味,以指导练功。

第十一式 打躬鸣鼓

1. 名称说明

打躬,旧时礼节,低头弯身抱拳,表示谦恭。鸣鼓,又名"鸣天鼓",即在掩耳的情况下,用手指敲击后脑,声如打鼓,故而命名。

2. 练习方法

（1）太极桩势（同前）

（2）抱头按耳

动作说明：接上,两臂从体侧缓缓抬起,至与肩同高时,外旋,掌心朝上,两臂继续上举过头,自然伸直,掌心相对,两臂平行,约同肩宽。两肘距耳约5厘米。稍停,屈肘落臂,以两掌心掩耳,稍用力,使耳中嗡嗡作响,十指自然分开,置于头侧,指尖斜向上,中指尖交接于枕骨。微挺胸、开腋、松肩,双肘略向外、向后撑开,肘尖略高于肩。意注灵台穴与肘尖,舌抵上腭,牙关相接。静止三息以上。

要点：头微上顶,肩颈放松,外敬内静,心澄貌恭,静心聆听,耳中嗡鸣,神意照体,周身融融。

参考：a.此势抱头按耳,脑中自有嗡鸣之音,静心聆听此音——来自身体内部的包括心音及血液流动之音等,听之既久,会自然亲证"动静二相,了然不生",而到达"物我两忘"的境界。

b.中医从业者或爱好者,在练习此势时,可默念足少阴肾经循行歌诀：

足经肾脉属少阴,斜从小指趋足心。然骨之下内踝后,入跟上腨腘内侵。
上股后廉直贯脊,属肾下络膀胱深。出前腹胸直上行,半寸两寸须细分。
支者从肾贯肝膈,入肺循喉夹舌根。支者从肺络心上,注胸下交手厥阴。

（3）躬身鸣鼓

动作说明： 接上，两手之食指搭于中指上，上半身缓缓前倾，两手食指绷直，同时稍用力自中指滑下弹击枕骨偏下处，此谓之"鸣天鼓"，每弹击一下，腰下弯一分，共击24次，腰亦下弯至极处。头垂于膝前腿间，目视后方，两腋张开，肘与肩略平行，双腿保持直立。

要点： a.体会鸣天鼓对身体的影响，是"泥牛入海无消息"，还是"空谷回音响不绝"？

歌曰：

天鼓鸣时肾气振，髓充腰韧自有神。二十四度管弦奏，三十六宫皆是春。

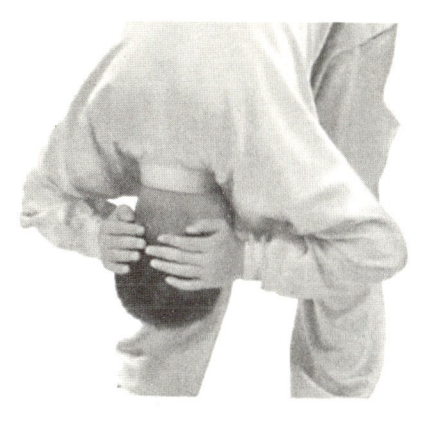

b.弯腰时，体会"节节贯通"，意想自第五腰椎始，如卷席般一节一节下弯。

c.患有严重低血压、高血压、贫血、颈椎病者，请在有经验的医师指导下练习。

参考：《灵枢·脉度篇》曰："肾气通于耳，肾和则耳能闻五音矣。"中医学认为，肾主骨生髓，开窍于耳及二阴，《灵枢·海论》曰："髓海有余，则轻劲多利，自过其度；髓海不足，则脑转耳鸣，胫酸眩冒，目无所见，懈怠安卧。"因此耳鸣耳聋、腰膝酸软、阳痿早泄、二便失禁、发落齿槁、畏寒肢冷等均属肾系疾病，在药物、针灸、推拿治疗的同时，可配合练功，如本书所介绍的启动玄窍修炼法、温肾法、丹命呼吸法、三圆四部功之下肢部、"李易"十二式（1、7、8、9、10）等，以提高疗效，并可减轻药物副作用。

（4）起身直立

动作说明：接上，两掌保持掩耳功架，缓缓抬起上半身，恢复直立姿势，二目平视。

要点：直立后，意想上半身上拔，下半身下沉，顶天立地，形松意充。

参考：行功至此，心息相依，精气融合，心底或油然而生喜悦之感，舌下甘醴如泉水涌出。缄舌静，抱神定，回光返照，一心中存，内想不出，外想不入，忘言守一，养气降心。

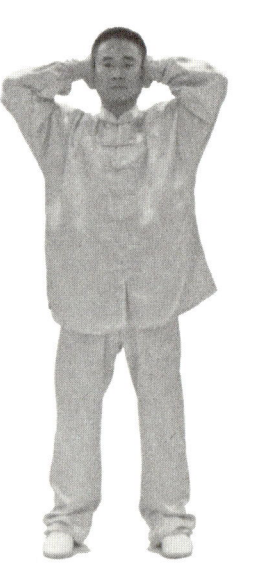

（5）左右回顾

动作说明：接上，脊柱略向上拔伸后，以腰为轴，上半身缓缓左转至极限，此时颈部不动，只是被动随身而动。稍停后，颈部亦主动右转至极限，同时两手、肘如推磨棒之两端，既扶持、固护、推动头颈，又与颈部有拮抗、争力之意。静止片刻后（7秒以上），头颈随身恢复原位，再向右旋转，如此，两目左右环视约360度。以上左右回顾，重复三次以上。

要点：先意想拔伸脊柱,拉宽腰椎、胸椎、颈椎各个椎体的椎间空隙,之后缓缓转腰。

参考：太极拳谚,"气如车轮,腰如车轴","腰为主宰"。本书预备功法之太极桩势里也提到"命门外撑",即在站桩或行功过程中,腰间命门穴处微微挺起,借此腰上挺劲,将全身松解开,意如腰部拎着手脚及全身。刚开始时,因腰部力量不足只能部分松开身体,渐随功夫增长,身体会逐渐一一松开,进而松透,而真正感觉到腰部命门穴处成为支撑全身及外力的主宰。

(6)浴身洗髓

接上,左右回顾结束后,身体转向正面,两手缓缓离开头部,两臂伸直上举,合掌,继行浴身洗髓。

(7)太极桩势(同前)

3.口诀

两掌持后脑,垂腰至膝前。头唯探胯下,口紧咬牙关。
按耳鸣天鼓,调元神气闲。舌尖还抵腭,意在肘双弯。

4.小结

中医讲,腰为肾之府,肾开窍于耳;"肾者,作强之官,技巧出焉",肾藏精,精足则用强。阳之精在上则耳目聪明,阴之精在下则手足强劲灵巧。本式直腿弯腰,能松腰松腹,"腹松,气敛入骨",可以滋肾益精,壮骨生髓;按耳鸣鼓、转腰回顾,可温肾助阳,鼓舞肾气,从而提振一身之气。此式上接饿虎扑食,亦含由动入静之意。

第十二式　掉尾摇柱

1. 名称说明

简言之,即摇摆四肢及脊柱,是全身整理运动,目的在于放松周身,是"李易"十二式的最后一式,亦是收功前的过渡。

2. 练习方法

（1）太极桩势（同前）

（2）胸前合掌

动作说明：接上,两臂自体侧缓缓抬起,至与肩同高时,外旋,掌心先向前,继向上,两臂继续上抬,自然伸直,于头顶合掌。之后,两臂先略前移,以两肘为先导,两掌经面前下落至胸前。两拇指距胸骨5至10厘米,两掌根约与膻中穴同高。虚腋,两肘撑开,十指向上,双目平视。保持此姿势,静立三息以上。

要点: 平心静气,安稳站立,外息诸缘,内心无喘。

参考: 合掌是印度古代礼法,既有佛学深广含义,又含中医养生妙谛。在佛学方面,简而言之,有以下几个方面:

a. 合者,和也,代表和平、友好、团结、合作。双手抬起,示以赤手空掌,表示既无争斗之意,更无伤人之心。十指合于一处,表示十方力量的凝聚、团结。又"十指连心",合于一处,表示将平时散乱的妄心,收归一处,代表一心。佛说"制心一处,无事不办",又说"一心不乱","一心皈依"。

b. 合掌时,掌背微拱,掌心略凹,两掌之间,形成空隙,表示真空妙有,示意修行者要悟入空性。

c. 合掌于胸口处,两掌竖直表示竖穷三际,指时间;掌背略拱,向横向发展,表示横遍十方,指空间。这样,宇宙融为一体,万法归于一心。

d. 双手掌心相合,代表止住双手的妄动,收敛放逸的身心,就是息灭"贪嗔痴"。又掌背为外,代表外境六尘;掌心为内,代表觉心菩提;合掌则代表背尘合觉,为修行解脱之路。而成就佛果,则改合为开,所以佛像掌心向前时,表示放光接引,普度众生。

e. 十指代表十方,合十于心口,既表示众生平等,又表示摄取十方众生归于佛道,施以"无缘大慈,同体大悲"的普渡。十方也代表十方佛国,合十于心口,表示以恭敬心供养十方佛菩萨,并摄取十方佛国的功德,庄严自心,成就善根。

而中医经络学说也认为十指连心:手三阴经胸走手,手三阳经手走头……十指集中了六条经脉的起止点。左手为阳,右手为阴,合掌则左右交融,而达到"阴平阳秘,精神乃治"的境界。

事实上,经常合掌练习后,渐渐会觉得两手之间有气互相交流融通,氤氲化醇,或似有阴阳二鱼交融互旋,你中有我,我中有你,而手臂胸背渐渐似有贯通之感,心肺诸疾自然轻减;性格气质也相应发生变化,会变得心平气和,泰然自若,心胸宽广,虚怀若谷,与人为善,善解人意,定慧等持,自觉觉他等。

（3）叉指前推

动作说明： 接上，十指交叉，两肘随之上抬，至与肩同高，翻转掌心向前，缓缓地水平推出，至两臂伸直为止，同时背微后凸。

要点： 叉指与抬肘动作同步进行，同时上半身微有上拔之意，下半身微有下落之势，保持中脉虚直。

参考： a. 两手臂与胸部在外形上构成一环状，而此环便似一条与带脉平行的粗大经络，内里气血流通，循环无端。

b. 在体松心静的前提下，保持此功架，多做几次呼吸，有时会觉得与胸前之环对称，背后似亦有一环，两环前后呈 8 字形，微微用意，将此 8 字记忆于心，并用意或顺或逆书写此 8 字。

c. 忽略有形之身，则此 8 字变成 0 形，意想"0"形变"O"形气圈，其半径约同臂长，在肩的高度包绕身体，并重重叠叠、上上下下、顺逆螺旋，绕身而转。

"人身内有经络脏腑，外有法脉场能"，对老师当年此语，我自深信之。

而杨氏太极拳之"横向松散练气圈"之初步练习方法，实际上是讲肩圈、腰圈、胯圈这三道气圈的横向松散，也就是先将人体几个大关节能够做到横向松开，继而其他各个关节均横向、纵向松开、松散，如此内气与外形动作相互通融，形成内气鼓荡引领外形，外形动作导引内气的良性循环，促使周身上下通行无阻，而达到"聚散开合随心使"、"气遍身躯不稍滞"的状态。

下述之掉尾摇柱势及其他各式以及三圆四部功等亦可参考此内容。

（4）掉尾摇柱

动作说明：接上，保持叉手功架，上身缓缓前倾，在两臂伸直并直腿的情况下，用两掌根交替按压地面各三次以上（两掌根如跷跷板之两端，以脊柱为支撑点，一起一落）。视身体柔软情况而定，两手可不触地。之后仍叉手，起身直立，两掌心亦随之翻转向上，身体与头后仰，用两掌根做交替托举天空状，各三次以上，身体亦随手臂左右交替向上抻拔。以上按地、托空动作重复三次以上。之后，两手仍保持交叉，再一次按地后，以腰带动两臂，两臂自左足前向左、向上、向右画一个大圆，目随手转，臀随腰摆，如此重复三次。之后再反方向做三次。继而，恢复按地姿势，然后起身，再次仰首托天。

要点：运动过程中保持直臂叉手，且周身上下有抻拔拧转之意。

参考：动功练习三阶段：初练求动作柔活，舒展大方；继练求气遍身躯，周流无碍；后练求神气融合，身心一如。

（5）左右伸肱

动作说明：接上，两手分开，弧形向两侧下落，至与肩同高时，两臂分别向左右伸直推出，掌心向外，立腕，十指向上，指腹掌根向外凸出或挺起，指尖回翘，然后松腕屈肘，收回两手至耳旁、肩上，再伸出，如此两臂伸出、收回反复七次以上。

要点：a. 注意松肩而不要耸肩。

b. 意想两手向左右推墙，且推出至无限远。

参考：随两手左右推出，意想身体自脊柱正中一分为二，一方面纵向拔抻，一方面横向扩展，屈肘回撤时，身体恢复原位。如动作到位，外抻时会感觉指尖、指腹似嘶嘶冒气，掌心亦有吞吐之感；回收时两掌有牵拉橡皮筋之感。而躯干部亦向外扩散、向内回收，有如海水潮起潮落。

（6）顿足擦腰

动作说明： 接上，两臂最后一次推出后，松腕收手下落，两掌分别贴置于两腰眼，稍作停留后，边抬足跟踏地震动身体，边用两掌上下摩擦腰眼，如此顿足擦腰24次。

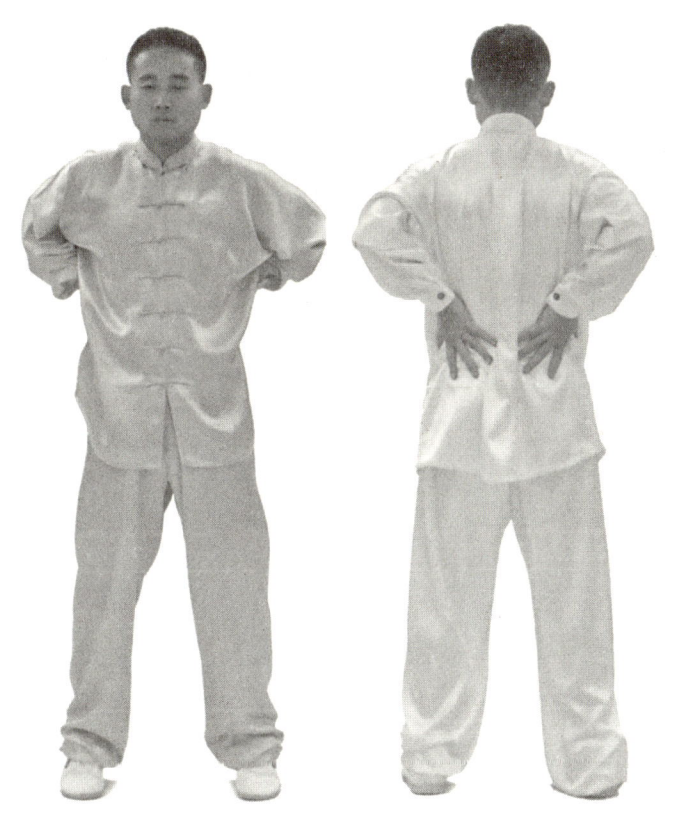

要点： 顿足时，体会顿足对全身震动的影响；擦腰时，手掌不离开身体。

参考： "腰为肾之府"，"肾者主水，受五脏六腑之精而藏之"，"肾为水火之宅，内寓元阴元阳"。当身体出现阴阳失衡，如阴盛阳亏，命门火衰而出现畏寒肢冷、腰膝酸软、阳痿早泄、宫寒不孕等症状时，中药常用金匮肾气丸、右归丸等，而导引养生可直接通过顿足擦腰（背摩后精门）以温补肾脏，以达到"益火之源以消阴翳"的目的。此势可快速消除疲劳，恢复精力，缓解腰部疼痛，值得一试。

（7）全身震抖

参考预备功法之全身震抖，包括直立震抖、仰身震抖、俯身震抖、震抖上肢、震抖下肢等。震抖下肢时，可两手叉腰。

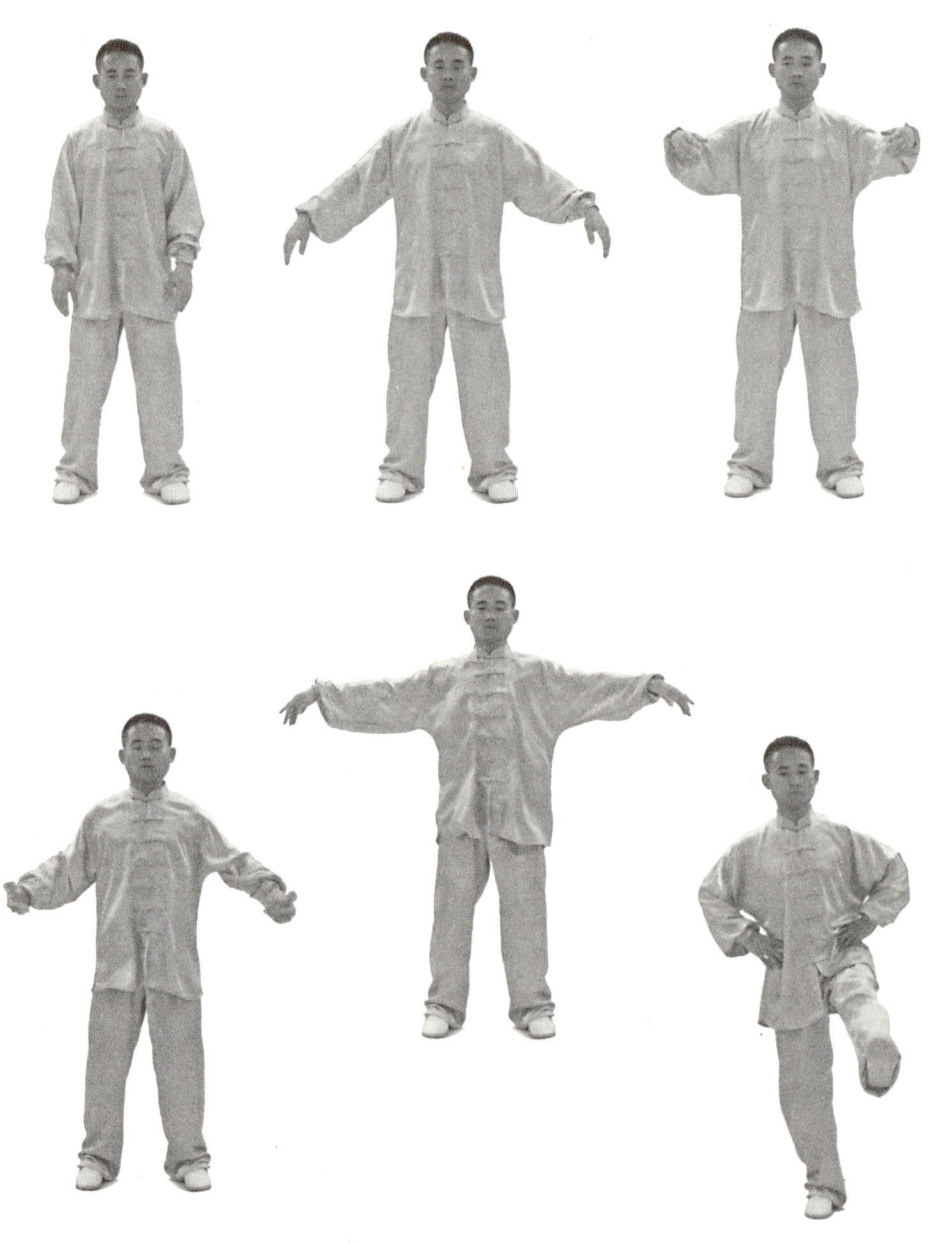

（8）四隅蹬脚

动作说明：即左右足分别向右斜前、左斜前、左斜后、右斜后蹬出。各做三组。

要点：蹬脚时，以腰带腿，先抬腿，足关节背屈，之后腿伸直向四隅蹬出，蹬出时，意注涌泉穴。

参考：好的开始是成功的一半，"慎终如始，则无败事"，第十二式的每个动作，也都应该从容镇定、一丝不苟地练习，不可虎头蛇尾、敷衍了事。

之后续接太极桩势、浴身洗髓、太极桩势而结束"李易"十二式。

3．行功要诀

胸前合掌，身心静谧。膝直膀伸，推手至地。
昂头瞪目，凝神聚志。顿足擦腰，震抖身体。
更修坐功，盘膝垂眦。神气相合，定静乃起。

4．小结

此式意在放松全身内外，调理周身气机，为坐功或收功做准备。如时间、体力、场所允许，建议接着打坐；如条件不许可，则进入收功阶段。

李医生的易筋洗髓养生操

收功（一名收势）

1. 太极桩势（同前）

2. 气归丹田

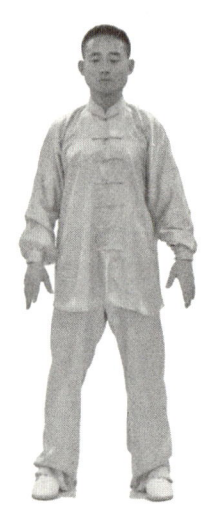

先意想宇宙之中有我，我在宇宙中心。然后，两臂自体侧上抬，至过肩时，渐渐旋转掌心，由下向前、向上，至头顶上方时再向下，经面前、胸前、腹前下落后，回归体侧，如此三次；接着以中指为轴，旋臂至掌心向上，再如上做三次。

两臂自头顶下落时，意想身外一切能量光华注入百会穴，回归下丹田。

之后，两手自体侧缓缓抬起，向前、向内弧形划动，先将左手劳宫穴置于脐上，后将右掌置于左掌背上，右手之拇指横放于左手虎口处。静止3分钟以上。

3. 简易全身按摩法（同前）

包括搓掌浴面，梳头擦颈，清甲利咽，揉捏腋下，搓臂拔指，推心置腹，按揉胸胁，推背腰臀，推揉双腿，顿足弹指，太极桩势等。

4. 关门闭户

接太极桩势，两膝略弯，重心移至右足，以左足跟为轴，左足外旋90度后返回，右足亦然，然后两足并拢。

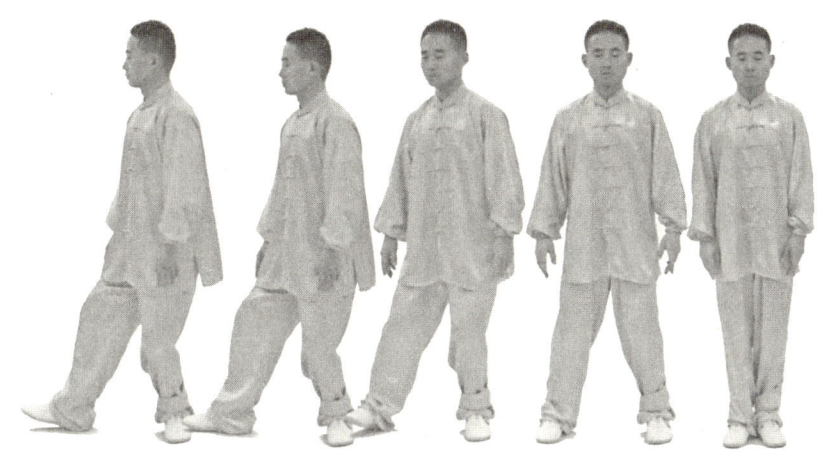

5. 行礼

外敬内静，心诚貌恭，弯腰鞠躬，礼敬虚空。

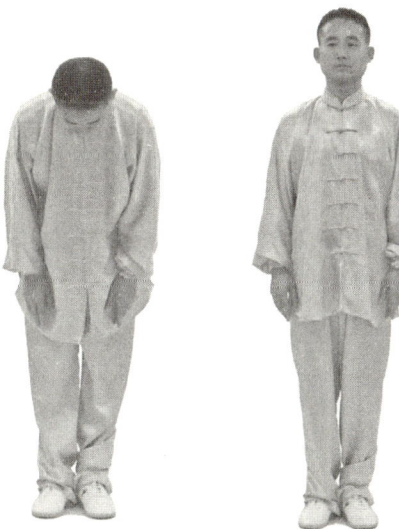

李医生的易筋洗髓养生操

李式诗曰：
头上三尺有神灵,礼敬八方须虔诚。花草树木皆同类,万物平等不可轻。

无论在室内还是室外,收功后均须行礼以结束练功。

至此,"李易"十二式结束。

结束语

本书是根据笔者所著日文版《本格气功：李氏易筋洗髓经·基础篇》和《李氏易筋洗髓经概说及辅助功法预备功法》《李氏易筋洗髓经十二式精要》的内容扩充整理而成。

原书之所以命名为基础篇，一是因为易筋洗髓经本身内容博大精深，远非该书所能涵盖；一是因为笔者才疏学浅，修为不足，只能介绍一些基本的东西。但就是这些基础内容，如能下功夫坚持习练一两年，相信也会取得良好的防病、治病、美容、减肥等效果。此为小用可以养生，而若想大用入道，则又必须精修。

如本书有一言半句能有益于读者，则幸甚。

最后以我的一篇旧作来结束此文。

练功抒怀

中医导引三十年，几多辛苦几多甜。广求良师不辞远，博览群书期近贤。

明理还须躬身练，治学最贵恒心专。人人皆具金玉田，积精累气可修丹。

如对书中内容有疑问，请与笔者联系。联系方式：

微信号：lwktaogu 加此微信号时，请注明：《李易》读者。如微信号搜索不到，请发邮件告知您的微信号。

邮箱　yiheyuan101@yahoo.co.jp

附录

李医生的易筋洗髓养生操

附录：五步练膜功

注：此功法是据网络资料《庞明先生讲述荡运膜络法讲课纪录》和《增演易筋洗髓内功图说》之"增益易筋内壮神勇图说"部分内容和"膜论篇"（原文附后）等资料整理而成。庞先生是养生大家，《增演易筋洗髓内功图说》是久负盛名的大作，其人其书所介绍的功法应当值得借鉴、习练。本人理论上认可这些方法，并有一点实修体验，虽远未达到内壮神勇境界，也初步印证了此功法之优秀、有效。因此虽有违我"板凳要坐十年冷，文章不写一句空"的写作原则，经斟酌再三，最终在交稿前夜，将此文附于卷末，谨供读者参考，并恳请大家指教。

《易筋经·膜论篇》指出："练筋必须练膜，练膜必须练气"；"必先练有形者，为无形之佐；培无形者，为有形之辅"。许多武术界老前辈也认为：练功要练气，练气要从膜上练起，练膜要从揉上练起。强调了筋膜在练功中的重要性。

近年来的相关研究揭示了躯体运动不仅仅是神经刺激引起的单条肌肉收缩，肌肉作为运动系统的一部分必须有条不紊地收缩舒张才能完成动作，而负责协调肌肉收缩的是筋膜——作为关节间的桥梁，肌肉间的分隔，收缩的信使。肌肉协调一致的运动有赖于这些筋膜结构赋予其外形，协助其滑动，而不只是肌肉的弹性紧身衣。

筋膜作为构成各种功能器官的支持组织，广泛存在于人体各部，具有连接、支持、营养、分割、运输、保护作用。筋膜不仅给予机体一定的内部和外部的形状，也为机体所有的其他系统，如循环、神经核淋巴系统等，提供支架结构和支持、稳固、营养、分隔营养通道。另外，在筋膜组织中分布着密密麻麻的毛细血管和感觉、运动装置，如触觉小体、环层小体、肌梭、运动终板等神经末梢，对筋膜组织调节功能有至关重要的作用。

筋膜可分为三层：表面筋膜、深层筋膜、内筋膜，在不同的地方它有不同的名称：脑和脊髓周围的是脑膜；骨周围是骨膜；心脏周围是心包膜；腹腔内表面的是腹膜；在皮下层包围整个身体和封闭肌肉和肌群的叫肌筋膜，我们习以为常的绝大部分酸胀痛就是由它造成的。

理解筋膜最重要的意义之一就是：整体而言全身的筋膜都是连续性的，包括器官、血管、神经、肌肉等所有组织,这是最为关键的一点。筋膜就好像一件编织的毛衣,拉动毛衣上任何地方的一根线,都会引起离此处较远地方的变形。这就解释了为什么说骨骼的变形和歪斜是由筋膜的炎性挛缩、粘连及变性等引起的,也由于筋膜在整个身体内是连续的,一些身体内部器官的不良症状问题,同样可以通过对相关筋膜的调理和治疗得到缓解和解决。

由上,若想通过练功达到"抻筋拔骨,旋转活脊"、"骨正筋柔,气血以流"、"身正势圆形松"等从而改善躯体与内脏以至精神心理疾患,必须充分重视并积极着手筋膜的练习。

第一步 观膜调息

所谓观膜,此处主要指肌筋膜,即闭目内视膜络,意想周身皮肤下、肌肉上有一层厚约一厘米左右如蜂窝、似海绵的肌筋膜,此膜饱含水分,湿润欲滴。先观想躯干,继观想四肢,而忽略头部。观想须用意微微,不要执着。

观想三、五分钟后,再调呼吸:吸气时一方面意想自然清气通过皮肤渗透入膜,一方面意想鼻腔吸入之气入肺,弥散至脏腑内膜,而后到达肌筋膜。如此内外结合,交会充满于肌筋膜。练习既久,便觉肌筋膜本身似乎也有呼吸功能,鼻吸膜亦吸,鼻呼膜亦呼。

观膜调息的作用是先把精神集中到膜上,继而达到心息相依,充养膜络之气,并进一步通过皮肤膜络沟通身体内外。

此步功可以单独练习,每次 5 ~ 10 分钟;行住坐卧均可练习。

第二部 揉养腹膜

此步练习,以盘坐姿势为佳。具体操作时,两手相叠,掌心置于中脘穴,两掌初轻压皮肤,带动皮肤旋转,使皮肉发生摩擦而练腹膜,精神要集中,体会手下感觉和腹部反应,意到则气到,气往深处行。渐觉腹内有气团随手之转动而转动,如此坚持练习,腹膜自然得养得充而腾起,如河床水满沙石自然不显,膜腾则腹肌自然不现。

随气之深入,双手亦逐渐加力,揉动范围亦逐渐扩大至脐、至下腹、至两肋下。待腹腔内气感明显后,转而只揉皮肤表层,一揉从整个腹壁到背部的皮下以至大腿内侧会阴都有气行之感。如一石激起千层浪,一揉周身皆感应,所谓一动无有不动,揉腹而动全身。

揉腹随时随地可练,其要点是精神集中,腹随手转,以手带气,逐渐深入。

此步功每次练习 25～30 分钟

第三步 拳棒坚膜

接上,揉腹完毕,接着用双拳反反复复轻轻敲击腹部肋下,适应后继用擀面杖等横敲竖捣,再用按摩棒或筷子深深捣之,"久则气满筋坚,膜亦腾起"。每用工具敲击捣揉之后,均需用掌仔细按摩以活血行气消滞,舒松紧张僵硬。

此步功每次练习 5～10 分钟,切记贪多冒进,用力过猛。

第四步 整运膜络

待膜络之气充足后,运用意念和某些特定穴位,配合呼吸,使之前后、内外连成一个整体,此之谓整运膜络。具体方法有四个阶段,或曰四段呼吸。

第一段呼吸:吸气时意念膜络之气以肚脐为中心,沿半径为一寸(中医学之同身寸)的圆转圈,顺、逆时针均可,或先顺后逆,或先逆后顺,顺逆次数相同。注意不要在皮肤表面上转,而应该在皮下的肌肉层或腹膜层转。呼气时,意念腹膜之气从肚脐分开,上行至膻中,下行至会阴,均行经皮下肌肉层、腹膜或胸膜层。

第二段呼吸:吸气时意念膜络之气分别从膻中、神阙、会阴这三处直行至命门;呼气时先下颌回收、用力抿嘴以提振中脉之气,接着意念膜络之气从命门处分开,各略斜上行至肓门穴。

第三段呼吸:吸气时意念膜络之气从左右对称的两个肓门穴分别斜上行至脊中,斜下行至命门;呼气时意念膜络之气从肓门上行至膏肓穴,下行至胞肓穴。左右对称。

第四段呼吸:吸气时意念膜络之气从背部的膏肓穴、腰骶部的肓门、胞肓处直线穿插到体壁前侧的带脉穴;呼气时意念膜络之气从带脉穴横插至肓俞穴。

通过以上四段呼吸及前三步功的练习不但可以充实肌筋膜和内脏膜络之

气,而且使躯干前后浑浑然形成一体。

此步功练习约 10～15 分钟。

第五步 荡运膜络

接上,躯干内脏膜络之气既已充足,下一步就要向四肢鼓荡,同样,须运用意念、呼吸、穴位。

荡运下肢膜络 吸气时意念膜络之气从三阴交起,沿下肢内侧上行至腹部正中,通过阴交穴到达肚脐,复向后穿行至命门穴;呼气时,意念膜络之气从命门处直下至腰阳关穴,继斜下行至臀部外侧,沿大腿外侧穿行至膝关节外侧的膝阳关穴,最后到阳交穴为止。

荡运上肢膜络 吸气时意念从三阳络穴经上肢外侧过肩到背,经身柱穴直下到至阳穴;呼气时意念从腹部的阴都穴经胸部到手腕上的阴郄穴。

练习前,应首先熟悉这些穴位的位置,做到心中了了分明,练习时才能应用自如,得心应手,才能更好地引导气的变化。

注意:只须知道各条线路的起止点(各个穴位)及其前后顺序,然后做到勿忘勿助,顺其自然即可——即只需留意观照膜络之气的自然走向,顺着她,守着她,不离不弃,而无须在意所经线路是否与经络有关。

此步功约练 10～15 分钟。

此步功可配合以下两种功法练习:

a.趾跟行进法,即:足不离地,以足趾和足跟如昆虫蠕动般向前行进。初宜慢行,待动作熟练后,则加快速度,越快越好。此法从足入手,伸缩荡运全身筋膜。

b.全身震抖功 尤其强调上肢和下肢的快速震抖。通过高速震抖,伸缩荡运全身筋膜,并在高速震抖的同时,意念从手指、手心、足趾、足心及全身皮肤向体内各处筋膜充气。

参考 1:上文中所涉及的穴位位置

1.中脘:在上腹部,前正中线上,当脐中上 4 寸。
2.膻中:在胸前部,当前正中线上,平第 4 肋间,两乳头连线的中点。
3.神阙:在腹部,脐中央。

4. 会阴：在会阴部，男性当阴囊根部与肛门连线的中点；女性当大阴唇后联合与肛门连线的中点。

5. 命门：在腰部，后正中线上，当第 2 腰椎棘突下凹陷处。

6. 肓门：在腰部，当第 1 腰椎棘突下旁开 3 寸处。

7. 脊中：在背部后正中线上，当第 11 胸椎棘突下凹陷处。

8. 膏肓：在背上部，当第 4 胸椎棘突下旁开 3 寸处。

9. 胞肓：在臀部，平第 2 骶后孔，骶正中嵴旁开 3 寸处。

10. 带脉：在侧腹部，当第 11 肋骨游离端下方垂线与脐水平线的交点上。

11. 三阴交：在小腿内侧，当足内踝尖直上 3 寸，胫骨内侧缘后方凹陷处。

12. 阴交：在下腹部，前正中线上，当脐中下 1 寸处。

13. 腰阳关：在腰部，后正中线上，当第 4 腰椎棘突下凹陷处。

14. 膝阳关：在膝部外侧，当股骨外上髁上方的凹陷处。

15. 阳交：在小腿外侧面的中部，当外踝尖上 7 寸，腓骨后缘凹陷处。

16. 三阳络：在前臂背侧，桡、尺两骨之间，手背腕横纹之中点上 4 寸处。

17. 身柱：在背上部，后正中线上，当第 3 胸椎棘突下凹陷处。

18. 至阳：在背上部，后正中线上，当第 7 胸椎棘突下凹陷处。

19. 阴都：在上腹部，当脐中上 4 寸旁开 0.5 寸处。

20. 阴郄：在前臂掌侧面下段的尺侧，腕横纹上 0.5 寸处。

参考 2：《增演易筋洗髓内功图说·第十五卷 增益易筋内壮神勇图说》之部分内容

易筋内壮图说序

是编原载《易筋》末卷，兹列于十二图说后。以是编多外运搓揉捣炼之法，既易筋洗髓兼行，纯乎三宝主宰理气运行。与专习易筋不同，参以外运，易于动念，恐难入理，爰各为一卷。修炼家择取用之，以助内壮。无拘行功前后、平时闲暇，俱可采用。或择一年专习更妙。然皆须如法，不可造次。用时亦须心不外驰，气不外散，志无他用。注意毋求外壮，一落外壮，终无内壮。兼求外壮，内脏难充，功成而强盛不久。专求内壮，外效虽缓，功成而铁石不磨。圣凡之界，实判于此。

编内虽有外功、余勇各条,亦道家末技,附于篇后。若专心于是,纵有奇验,亦勇士耳。奚足贵哉。

内壮神勇后行说

前言内壮神勇功夫,先行之,既恐误入外壮;兼行之,又虑震惊元神。不如于内功行至病去身强,内充气积,任督交通,导引路熟,河车运动,存想意纯过后,择一暇闲处,循其规矩,按其部位,壹其心志,运炼一周,外壮成而内壮愈至,最为良法。

初月行功法

初行功时,当解襟仰卧,心上脐下,适当其中,按以一掌,自右向左揉之。徐徐往来均匀,勿轻而离皮,勿重而着骨,勿乱动游击,斯为合式。当揉之时,冥心内观,着意守中,勿忘勿助,意不外驰,则精气神皆附注一掌之下,是为如法火候。若守中纯熟,揉推匀净,正揉之际,竟能睡熟,更为得法,愈于醒守也。如此行持,约略一时。时不能定,如以大香二炷为则,早、午、晚共行三次,日以为常。如少年火盛,只宜早晚二次,恐其太骤,致生他虞。行功既毕,静睡片时,醒起酬应无碍。

二月行功法

初功一月,气已凝聚,胃觉宽大,其腹两旁筋皆腾起,各宽寸余,用气努之,硬如木石,便为有验。两胁之间,自心至脐,软而有陷,此则是膜,较深于筋,掌揉不到,不能腾起也。此时应于前所揉一掌之旁,各开一掌,仍如前法,徐徐揉之。其中软处,须用木杵深深捣之,久则膜皆腾起,浮至于皮,与筋齐坚,全与软陷,如为全功。此揉捣之功,亦准二香,日行三次,以为掌则可无火盛之虞矣。

三月行功法

功满两月,其间陷处,至此略起。乃用木槌轻轻打之。两旁所揉,各宽一掌处,都用木槌如法捣之。又于其旁至两胁稍各开一掌,如法揉之。准以二香为则,日行三次。

附录

四月行功法

功满三月,其中三掌皆用槌打,其外二掌先捣后打。日行三次,俱准二香。功逾百日,则气满筋坚,膜亦腾起,是为有验。

行功轻重法

毕,略有引导,则入四肢,即成外勇,不复来归行于骨内,不成内壮矣。其入内之法为:一石袋从心口至两肋稍骨肉之间,密密捣之,兼用揉法,更用打法。如是久久,则所积盈满之气,循之入骨,入骨有路则不外溢,始成内壮。内外两歧于此分界,极难辨审。倘其中稍有夹杂,若轻用引弓努拳打扑等势,则气趋行于外,永不能复入于内矣。慎之,慎之。

用功浅深法

初功用揉,取其浅也。渐次加力,是因气坚,稍为增重,仍是浅也。次功用捣,方取其深。再次用打。打外虽属浅,而震入于内则属深。俾内外皆坚,方为有得。

两肋内外功分

功逾百日,气已盈满;譬之涧水平岸,一稍为决导,则奔放他之,无处不到,无复在涧矣。当此之时,切勿用意引入四肢,所揉之外,切勿轻用槌杵捣打。略有引导,则入四肢,即成外勇,不复来归行于骨内,不成内壮矣。其入内之法为:一石袋从心口至两肋稍骨肉之间,密密捣之,兼用揉法,更用打法。如是久久,则所积盈满之气,循之入骨,入骨有路则不外溢,始成内壮。内外两歧于此分界,极难辨审。倘其中稍有夹杂,若轻用引弓努拳打扑等势,则气趋行于外,永不能复入于内矣。慎之,慎之。

木杵木槌说

木杆、木槌皆用坚木为之:降真香为最佳,文楠、紫檀次之,花梨、白檀、铁梨又次之。杵长六寸,中径五分,头圆尾尖,即为合式。槌长一尺,围圆四寸,把细顶粗,其粗之中处,略高少许,取其高处着肉,而两头尚有闲空,是为合式。

石袋说

木杵、木槌用于肉处,其骨缝之间悉宜石袋打之。取石头要圆净;全无棱角,大如葡萄,小如榴子。生于水中者乃堪入选;山中者燥,燥则火易动;土中者郁,郁则气不畅,皆不选也。若棱角尖硬,定伤筋骨,虽产诸水,亦不可选。袋用细布缝作圆筒,其大者长约八寸,其次六寸,再次五寸。空准石头大小,松松放下。大者石用一斤,其次十二两,小者半斤。分置袋中,以指挑之。挨次扑打,久久行之,骨缝之间,膜皆坚壮也。

五、六、七、八月行功法

功逾百日,心下两旁至两肋之稍,已用石袋打,而且揉矣。此处乃骨缝之交,内壮、外壮在此交界。不于此时导引向外,则其积气向骨缝中行矣。气循打处、逐路而行,宜自心口打至于颈,又至肋稍,打至于肩。周而复始,切不可倒打。日行三次,共准六香,勿得间断。如此百日,则气满前怀,任脉充盈,功将半矣。

九、十、十一、十二月行功法

功至二百日,前怀气满,任脉充盈,则宜运入脊后,以充督脉。从前之气,已至肩颈,今则自肩颈,照前打法,兼用揉法。上循玉枕,中至夹脊,下至尾闾,处处打之,周而复始,不可倒行。脊旁软处,以掌揉之。或用槌杵,随便捣打。日准六香,共行三次,或上或下,或左或右,揉打周遍。如此百日,气满脊后,能无百病,督脉充满。凡打一次,用于遍搓。令其匀润。

参考3:易筋经——膜论篇

夫人之一身,内而五脏六腑,外而四肢百骸;内而精气与神,外而筋骨与肉,共成其一身也。如脏腑之外,筋骨主之;筋骨之外,肌肉主之,肌肉之内,血脉主之;周身上下动摇活泼者,此又主之于气也。是故修炼之功,全在培养血气者为大要也。即如天之生物,亦各随阴阳之所至,而百物生焉,况于人生乎,又况于修炼乎。且夫精气神为无形之物也,筋骨肉乃有形之身也。

此法必先练有形者,为无形之佐;培无形者,为有形之辅。是一而二,二而一者也。若专培无形而弃有形,则不可;专练有形而弃无形,更不可。所以有形之身,必得无形之气,相倚而不相违,乃成不坏之体。设相违而不相倚,则有形者亦化而无形矣。是故练筋,必须练膜,练膜必须练气。然而练筋易而练膜难,练膜难而练气更难也。先从极难,极乱处立定脚根,后向不动、不摇处认斯真法。

务培其元气,守其中气,保其正气。护其肾气,养其肝气,调其肺气,理其脾气,升其清气,降其浊气,闭其邪恶不正之气。勿伤于气,勿逆于气,勿忧思悲怒以损其气。使气清而平,平而和,和而畅达,能行于筋,串于膜,以至通身灵动,无处不行,无处不到。气至则膜起,气行则膜张。能起能张,则膜与筋齐坚齐固矣。

如练筋不练膜,而筋无所主;练膜不练筋,而膜无所依;练筋、练膜而不练气,而筋膜泥而不起;练气而不练筋膜,而气痿而不能宣达流串于筋络。气不能流串,则筋不能坚固,此所谓参互其用,错综其道也。

俟练至筋起之后,必宜倍加功力,务使周身之膜皆能腾起,与筋齐坚,着于皮,固于内,始为子母各当。否则筋坚无助,譬如植物,无土培养,岂曰全功也哉。

般刺密谛曰:此篇言易筋以练膜为先,练膜以练气为主。然此膜人多不识,不可为脂膜之膜,乃筋膜之膜也。脂膜,腔中物也。筋膜,骨外物也。筋则联络肢骸,膜则包贴骸骨。筋与膜较,膜软于筋;肉与膜较,膜劲于肉。膜居肉之内,骨之外。包骨衬肉之物也。其状若此,行此功者,必使气串于膜间,护其骨,壮其筋,合为一体,乃曰全功。

参考文献

1. 周稔丰,周明.易筋洗髓经.天津大学出版社,1994.
2. 周潜川.气功药饵疗法与救治偏差手术.山西人民出版社,2011.
3. 周述官.增演易筋洗髓内功图说.学术期刊出版社,1988.
4. 李良根,李琳.少林强身内功.人民体育出版社,2005.
5. 达摩大师原著,吉田正平译.灵肉修养 神通自在.八幡书店,1921.
6. 鄢行辉.南少林秘传易筋经.福建科学技术出版社,2009.
7. 邢国福.武林秘传易筋经.北京体育大学出版社,2009.
8. 安在峰.武林点穴搏击秘技.人民体育出版社,2006.
9. 马济人.中国气功学.东洋学术出版社,1990.
10. 南怀瑾.静坐修道与长生不老.复旦大学出版社,1993.
11. 刘金印.汪永泉 授杨式太极拳语录及拳照.北京体育大学出版社,2012.
12. 陈龙骧,李敏弟.李雅轩杨氏太极拳法精解.四川科学技术出版社,2013.
13. 王芗斋专集选.内部资料.
14. 韩星桥.意拳学.株式会社 东京印书馆,2007.
15. 孙立.意拳入门.棒球杂志社,2006.
16. 陈正雷.陈氏太极拳.棒球杂志社,1995.
17. 王瑞亭著,林茂美译.少林内劲一指禅 棒球杂志社,1995.
18. 鹈沼宏树.医疗气功.春秋社,2001.
19. 西东玄.要译武道极意.自由国民社,1981.
20. 笠尾恭二.太极拳技法.东京书店,2001.
21. 杨进,桥逸郎.健康太极拳稽古要谛.棒球杂志社,2011.
22. 陈全林.南宗心法.心一堂出版社,2006.
22. 陈全林.修真 金丹论 演道论.内部资料.
23. 解守德.太极内功心法.人民体育出版社,2009.
24. 镰田正监修.汉文名作选 第一集.大修馆书店,1984.
25. 镰田正监修.汉文名作选 第二集.大修馆书店,1999.
26. 金冠,等.气功精选.人民体育出版社,1990.
27. 丁继华,等.中国传统养生经典.人民体育出版社,1998.

28. 郭扬.武医心要.山西科学技术出版社,2008.

29. 金一明.练功秘诀.山西科学技术出版社,2003.

30. 周巢父,周怀姜.峨眉十二桩.棒球杂志出版社,1988.

31. 曹志清.形意拳练法用法与功法.山西科学技术出版社,2003.

32. 黄帝内经.线装书局,2012.

33. 张铭一注译.论语 中国传统文化核心读本.天地出版社,2017.

34. 诸桥辙次.老子讲义.大修馆书店,2008.

35. 方勇译注.庄子 中华经典名著全本全注全译丛书.中华书局,2017.

36. 李苙编译.大学·中庸.中国纺织出版社,2015.

37. 陈全林编校.新编吕洞宾真人丹道全书.团结出版社,2009.

38. 陈全林点校.新编张三丰先生丹道全书.团结出版社,2009.

39. 李文坤.男性更年期的气功疗法.中华气功,1998.

40. 李文坤.中国古代医学的聚气通关医疗大法.世界气功,1994.

41. 蔡俊,李文坤.性科学与中国传统性修炼.中国中医药出版社,1998.

42. 李文坤.本格气功：李氏易筋洗髓经·基础篇.日本：阿特拉斯出版社,2012.

43. 李文坤.李氏易筋洗髓经概说及辅助功法预备功法.山东中医药大学学报,2017年5月第41卷增刊.

44. 李文坤.李氏易筋洗髓经十二式精要.山东中医药大学学报,2017年5月第41卷增刊.

45. 陈全林注译.周易参同契注译悟真篇注译.中国社会科学院出版社,2004.

46. 李仲轩解析象形拳法真诠.网络资料.

47. 庞明.荡运膜络法.网络资料.

48. 嫡派真传少林内功秘传.网络资料.

49. 薛颠.金刚圭旨法象.网络资料.

50. 薛颠.形意拳讲义网络资料.

51. 郝春燕.历代书法经典：何绍基.中州古籍出版社,2017.

52. 郝春燕.书法美生命本体论研究.中国书法,2018年3月.

53. 郝春燕.丰子恺"金石书画同源"观.中国书法,2019年1月.

54. 郝春燕.建构艺术教育人类学的学理思考.南京艺术学院学报,2017年第4期.

感谢诸位作者和网络资料上传者。

致 谢

首先感谢历代先贤大德的教诲与接引；
感谢我的诸位老师多年来的无私指导与提携；
感谢我的同学与校友们的热情鼓励与帮助；
感谢我中日两国患者和学生们的信任与支持；
感谢提供资料的诸多网友、微信朋友；
感谢我的家人长期以来的理解与支持。

特别感谢北京中医药大学的刘天君教授百忙之中为此书作序，中国中医科学院西苑医院气功推拿科主任涂人顺教授对此书提出中肯建议。

衷心希望此书的出版能引起读者们对中医传统养生文化的兴趣，能给读者们提供一些切实可行的防病、治病、增智、延年、美容、减肥的功法，也希望能与有缘阅读此书的朋友多多交流。

李文坤
崂山归来后，敬书于青岛海天体育中心酒店
2018年8月吉日

图书在版编目（CIP）数据

李医生的易筋洗髓养生操 / 李文坤著. -- 青岛 : 青岛出版社, 2019.12
ISBN 978-7-5552-8712-4

Ⅰ.①李… Ⅱ.①李… Ⅲ.①易筋经 – 养生操 Ⅳ.①G852.6②R161.1

中国版本图书馆CIP数据核字（2019）第276829号

书　　名	李医生的易筋洗髓养生操
著　　者	李文坤
出版发行	青岛出版社
社　　址	青岛市海尔路182号（266061）
本社网址	http://www.qdpub.com
邮购电话	13335059110　（0532）68068026（兼传真）85814750
责任编辑	傅　刚　张　岩　　E-mail:qdpubjk@163.com
封面设计	光合时代
视频制作	时彦丽
照　　排	青岛新华印刷有限公司
印　　刷	青岛新华印刷有限公司
出版日期	2019年12月第1版　2019年12月第1次印刷
开　　本	16开（710毫米×1000毫米）
印　　张	12.75
书　　号	ISBN 978-7-5552-8712-4
定　　价	39.00元

编校印装质量、盗版监督服务电话　4006532017　0532-68068638

本书建议陈列类别：养生保健